孫正義の流儀

松本 幸夫 著

SOGO HOREI PUBLISHING CO., LTD

はじめに

乱世においては、強力なリーダーシップを発揮する〝英雄〟が望まれるものだ。

今の日本が「国難」という状況にあり、周囲を取り巻く諸外国との間も、到底「治まった世」とは言いがたいことは言うまでもない。そう、日本は今、乱世にある。

英雄の条件は様々であろう。その決断力しかり、長期展望できる力、リーダーシップ……。

経営者であれば、少なくとも企業の寿命と言われる30年先までは、鮮明なビジョンを持ち、人々を率いていくことのできる実力と人間的な器量の持ち主でなくてはならない。そして、その根本には、変わることのない大きな〝旗印〟が必要である。時代が変わっても変わらぬ1つのハッキリした志、夢が。

孫正義率いるソフトバンクが福岡の地に誕生したのは、今からちょうど30年前の1981年9月であった。ときに孫正義24歳。

そして、2010年6月25日、孫正義はこれから30年間のソフトバンクの指針となる「新30

年ビジョン」を発表した。

筆者は孫正義が「日本のビル・ゲイツ」などと呼ばれていた頃から、ずっと気にかかっていた。

特に注目していたのは、その発想のスケールの大きさである。

売上げを5年で100億、10年で500億、そして、いずれは豆腐のように1兆（丁）、2兆（丁）と数えたいなどというのは、並みのスケールではないだろう。

筆者の周囲の方々で、10億くらいのスケールの人は知っているが、100億とか、1兆となってくると、これは天才か大ボラ吹きかと考えてしまう。

思うに、孫はこの発想のスケールの大きさゆえに、誤解を受けることが多い。

なぜなら、100億以上のスケールでの思考は、ごく一般の人たちには「わからない世界」「リアルにつかめない世界」であるからだ。

億ションがあるくらいだから、住宅で1億円単位なら少々の想像はつく方も多いかもしれない。しかし、100億、1000億となってしまうと、本当には実感できない。

したがって、今年3月11日に発生した東日本大震災後、孫が個人で100億円の義援金を出すとか、2011年から引退するまでのソフトバンク代表としての報酬をすべて寄付する、と聞いても〝実感〟しにくいはずだ。

しかし、孫の偉大なところは、それを実行した点にある。

孫が今生きているステージは、個人レベルで豊かに暮らすというところを超えている。

すでに「利他」の世界であり、「世の中のため」という成功者の最終ステージに立っている。

スケールの大きな発想に加えて、孫正義にはただ1つ、ずっと変わらない夢がある。

それは「情報革命で人々を幸せにする」である。

これをなすためだけに、孫正義は生きている。

そして、これから30年間もただこれ1つが理念である。


さて、本書では、孫正義のこれまで30年間の軌跡を、主に孫の人生哲学、たとえば「人生50年計画」(19歳で孫が作成した)とか、「孫の二乗の兵法」(「孫子の兵法」や「ランチェスター法則」から孫が創った)などの解説を織りまぜながら説明していきたい。

人物研究というのは、筆者のライフワークの1つで、とにかく筆者自身が「興味を持った」人物をずっと書いてきている。

孫正義は間違いなく乱世の英雄と言える。そのことを本書で明らかにしてみようと思う。

こんな発想の人間がいること、こんな行動力のある人間がいること、これは同時代に生きる私たちが感謝してもいいことではないか。

乱世は、孫正義のような人物から学び、人生を生き抜く心、折れない心、勇気をもって生きていくことが肝心だ。

その一助となれば、筆者としてこんな幸せなことはない。

最後に、本書執筆にあたっては、総合法令出版編集部の田所陽一氏と須田公子氏に大変お世話になった。ここに謝意を表したい。

平成23年8月31日
東京賢人庵にて筆者記す。

（追記）本書の執筆中、アップル社のスティーブ・ジョブズ氏のＣＥＯ辞任というニュースが飛び込んできた。マイクロソフトのビル・ゲイツ氏はすでに２００８年に財団経営に活動の重点を移している。同年代でともに一時代を築いたＩＴ企業のカリスマたちが経営の第一線から身を引く中、いまだ現役で戦い続けている孫正義にエールを送りたい。

孫正義の流儀●目次

はじめに……3

第1章 志（Will）志を持って行動を起こす

虹を追う心を持っているか……14
「必ず成功できる」という信念を持つ……18
志を叶えるための座右の書……25
いつでもゼロからスタートできるために……28
逆境に感謝する……32
生き方のルールを厳守する……38
戦略的に生きる……41
ビジョンなき行動は無力……45

第2章 発想（Idea）発想をすぐに実現する

勢いのあるリーダー、利他の心……48

戦わずして勝つ……54
敵の情報を知らざるは不仁、情報に頼れ……57
思い立ったら即、行動する……61
平成の龍馬……64
「ステージ論」で着実路線……68
「10倍のスケール」を持つ男……72
ストレートに生きる……75
傍観者から主役へ……79

第3章　自信(Confidence)自分のビジョンに自信を持つ

孫とビル・ゲイツ……84
我が道を征く信念……90
「大丈夫、必ずナンバー1になれる」……93
ビジネスは発想が決め手……96
発想は3パターンで決まる……99

勉強熱心が成功の素……103
孫の二乗の法則……107

第4章 リーダー（Leader）将の将たる気概を持つ

常識を打ち破る……120
リーダーは夢を持つ責務がある……126
長所に目を向ける発想……128
事業はわが生命なり……132
たとえ上手は説得上手……134
事業家魂を持つ……139
7つのアクションをとってみる……142

第5章 成功（Success）自分だけの成功の道を歩む

ライバルを持つ……154

運命の主人公になる　立命……161
信念の人　孫正義……164
勇気を与える経営者のリーダー……167
行動なくして成功なし……171
大企業病にかからない……177

第6章　「平成の龍馬」を目指す男・孫正義

世界が相手になるビジネス……182
龍馬の脱藩、孫の留学……187
己の薩長連合を持つ……191
不断に成長を続けていく……195
他人の言うことを気にしない……197
自然体で生きる……200
人間的な側面が重要……203
本気になって、夢は大きく……208

孫正義略年表……214

装丁デザイン　小松　学（エヌワイアソシエイツ）
カバー写真　ＰＡＮＡ通信社
本文写真　国立国会図書館
本文組版・図表作成　横内俊彦

第1章

志（Will）

志を持って行動を起こす

虹を追う心を持っているか

フランス皇帝の座にまで登りつめたナポレオン・ボナパルト（1769〜1821）。少年時代のナポレオンには、こんなエピソードがある。

故郷の野山で友達と遊んでいたときのこと。山のはるかかなたに、虹が鮮やかに出ているのが見えた。

ナポレオンは、「よし、つかまえてやるぞ！」と叫んで、友達と一緒に野原を駆け抜けていく。

もちろん、どこまで走っても虹そのものをつかまえることはできない。しかし、友達が疲れて休み始めても、少年ナポレオンはいつまでも走り続けたという。虹をしっかりとつかむために……。

ここでいう「虹」とは、物理的な七色の虹そのものでないことは言うまでもない。「虹」とは、ナポレオンが必死になってつかもうとした夢であり、志・人生目標のことである。

夢というのは、あたり前のようだが、あきらめてしまったときに、ただの夢に終ってしまう。しかし、成功するまでずっとやり抜いたなら、夢は現実になるのである。私は、ナポレオンの虹の話を聞いて、少年の頃の「夢」を追うことの価値を知った。夢をいつまでも追う人こそが、やがてはそれをしっかりとつかめるのである。

孫正義は、少年の夢、「虹」を追い求めた人間である。

そしてこの「虹」は、現実がどうであるかはまったく関係がない。心の中の想いをいかにスケール大きく描くかは誰しも自由である。

たとえば、一介の町工場の時代に、誰が「世界のホンダ」を考えただろうか。しかし、本田宗一郎の「虹」は、スケール大きく描かれていたのである。

そして、孫正義もまた、10代の少年の夢を今でも追い続けているのである。

孫が19歳のときに立てた有名な「人生50カ年計画」がある。

20代……名乗りを上げる
30代……軍資金を貯める
40代……ひと勝負かける
50代……事業を完成させる
60代……次の世代に事業を継承する

という内容のものである。

中には、「そんな大きなプランを立てても、実行できるかわからない」とか、「そんな根拠はどこにもないからできない」と言う人もいるはずだ。

実は、孫自身がはっきりした根拠、裏づけをもって、このような「50カ年計画」を立てたのかというと、決してそうではない。

これは、孫が自分でも語っていることである。


「当時19歳で何も持っていないわけだから、根拠なんてどこにもありません」

「人から見れば大法螺《ぼら》だけど、僕自身は寸分の疑いも持っていなかった。僕にとっては、根拠はないけれど、揺るぎない自信というか確信があって決めたことなんです。だから、いまも変わってないです」（『財界』1999年3月30日号より）

孫のこれまでの業績を一つひとつ挙げてみるまでもなく、すでに19歳の「虹」はつかみつつある。もちろん、夢は現実になっているという意味である。

私見で言えば、孫の現在の年齢（54歳）からいくと、すでに事業のシステムはほぼ完成し、60代を待たずに継承していくのではないか。それぐらい、孫にはスピード、勢いがある。

米の『フォーブス』誌が毎年実施する「世界長者番付」の２０１１年版で、日本のビリオネアとしてとりあげられた孫の資産は81億ドル（約６７２３億円）で日本人としては第1位であった。

そして、現在、「事業を完成させる」段階にある50代の孫は、２０１０年6月の「ソフトバンク新30年ビジョン発表会」において掲げた「30年後に時価総額を20兆円規模にして、世界のトップ10に入る企業になる」「グループ企業を現在の８００社から５０００社に拡大する」「世界中の人々に最も愛される企業をめざす」という「虹」をめざして、現在も走り続けている。

「必ず成功できる」という信念を持つ

先述の孫正義の言葉で、自分には根拠はなかったが、揺るぎない自信というか確信があったという部分がある。

つまり、現時点で「ホラだ」と言われ、「ムリだよ」と陰口を叩かれたとしても、そこに信念があったなら、それはやがて実現に向かうということである。

筆者はかつて世の中の成功者に共通する「成功法則」を調べたことがある。もちろん、成功法と称される方法そのものも調べた。

すべての成功法が共通して挙げているものがこの「信念」である。

「自分は必ず成功する」、そう信じることが本人が成功するためには不可欠の条件になる。これは当たり前で、やさしく思えるだろうが、決して忘れてはならないことである。

多くの人は、あまりにやさしく単純化されていると、半ば馬鹿にしてしまって実行しないことがある。しかし、単純に思えるものにこそ「深さ」があるのである。

たとえば、「明るく」生きましょう、とポジティブな生き方を勧めたとしよう。「明るく生きるなんて、幼稚だ」ととらえる人も中にはいる。しかし、「明るく生きる」という短いフレーズの中に、実は人生の深い真理があったりする。それは、当然、ビジネスという場であっても、通用するものだ。

映画監督の篠田正浩氏が、あるパーティーで作家の故・司馬遼太郎に会ったときこんな内容のことを言われたという。

「篠田君、この頃の君の映画は暗いよ。もっと明るくしないと人の心はつかめない」

深く感じるところのあった篠田監督は、やがて「明るく」映画をつくり、『瀬戸内少年野球団』が大ヒットする。

このように、「明るい」という言葉一つでも、そこから生き方や観客、顧客の望むものをつかみとることは可能である。

あなたは今の生き方に自信があるだろうか。また、10年後、20年後に「必ずこうなる」という信念をお持ちであろうか。

孫の素晴らしいところは、自分の10年、20年先のプランを信じるというだけではない。「これからはデジタル情報革命の時代になる」「時代はインターネットへ向かう」と、時代の大きな流れを信じることのできる点である。

しかも、孫自身が自ら信じる時代を「創って」いっている。本人が気づかなかったとしても、歴史を創造していっている。

これは私たちも同じだ。もしかしたら自覚はないかもしれない。しかし、一人ひとりが21世紀を創造していっている。時代を創っていっているから、私たちは価値ある万物の霊長と言える。

孫は、九州でも名門の進学校であった久留米大附設高校に入学している。そして、高校に入ってすぐの夏休みにアメリカ本土の土を踏んだ。雑誌で見たアメリカへの短期語学研修旅行に申し込んだのである。

アメリカに行く前にすでに孫は、将来なりたい職業として4つの選択肢を心に描いていたという。

1　事業家
2　政治家
3　画家
4　小学校の先生

である。

しかし、孫はアメリカの大きなスケールに圧倒されてしまった。

車に乗れば「何て車線が多いのだろう」と思い、スーパーに入れば「広いなあ。駐車場も何て大きいんだろう」と感じた。それはただ土地が広いというのではなくて、基本的なインフラそのものがまったく違っていたのである。

そして決めたのである。

「アメリカに留学しよう」と。

後年の孫とまったく同じで、決めたということは行動とワンセットであり、そこにはいつも信念がある。

そして、夏休みが終わって新学期に入ると、すぐに退学届を学校に提出したのである。翌年、日本での充電を終えた孫はアメリカへと旅立った。

親の反対、学校サイドの反対、友人、知人の反対。このような批判や世間の眼を、決断の前にまず思う人は多い。

そして、「白い眼で見られるのはイヤだ」「どうせ強い反対にあうから」と、実行できずにいる人も多くいることだろう。

しかし、孫は決めたことは必ず実行するのである。「有言実行」とか「不言実行」にとらわれず、決めたら実行してしまうのである。

あまり知られていないが、孫は日本一のパチンコチェーン店を作ろうと「決めた」ことがある。すでにソフトバンクを設立した後であった。

理由の一つには後述するような孫の「大病」があった。回復後の新規事業も考えて、乗り出そうとしたのである。すでに九州、東京にも会社設立をしたのだが、出玉の法規制のような足を引かれる状況もあり、その道は断念したのである。

何が言いたいのか。それは、自分で決めたなら、すぐに実行に移してしまうことにある。分野が異なっていたとしても、「やろう」と決めたときに、すでに実行しているのである。

孫には伝説がある。

孫はカリフォルニア大バークレー校卒業の前に、オークランドにあるホーリー・ネームズ・カレッジに入り英語を学び、さらに地元高校を3週間で卒業したという。

いかに英語力があろうとも、それは難しかろう。が、正確には「3週間で大学入学資格を取った」というのである。

孫はアメリカの高校に入って教科書に目を通す。そして、学校サイドにこのような内容の主張をした。

「アメリカには飛び級という制度があるはずだ。私は、高校で習う中身は、教科書を読んでみたらすでにすべてわかっている。だから、大学へ入れてくれ」

すると、それは無理だが、大学検定の資格を取れば大学には入れるという。

しかもその年の試験は2週間後に迫っていた。

そして、孫は大学検定資格を取るために、試験会場へ向かった。

その試験問題は英語で分量も多く、電話帳ほどもある厚いものであったという。孫は係官に向かってこう言った。

「私は日本語なら、この問題を解ける。だから、日本語に訳して受けさせなくてはフェアーでないだろう。翻訳してほしい」

「ノー」と当然係官は言う。

「あなたにはノーと言う権限はないはずだ。州の担当責任者と話をさせろ！」

そして何と、辞書を持ちこんで2週間で問題を解いてよいと州の責任者と合意を取りつけたというのである。

交渉で言う「エスカレーター法」である。つまり、相手に交渉の権限のない場合には、エスカレーターのように上にあがって、責任者と話をするというものである。

孫には、若くしてこのような交渉のセンスもあったようだ。

ホテルのフロントマンともめても、トラブルは解決しない。「マネージャーを呼んでください」と言うべきだ。店員ではなくて、「店長と話をします」というほうが、話は早い。

「3週間で高校を卒業した」というのが本当に思えるぐらい、孫にはカリスマ的な魅力が備わっている。

脳科学者の茂木健一郎氏との対談で、「目標を設定できる人は非常に強い」という茂木氏のコメントに対し、孫は以下のようにコメントしている。

「いまでも僕はどちらかというと右脳人間なんですよ。成功したあとのイメージを先に頭に思い浮かべて喜んじゃうんです。『やったー成功した！』って」

「最初に喜んでしまうことのメリットは、その嬉しさがドライビングエンジンとなって、その後の難関が気にならなくなることです。最初に自分の中で成功しちゃっているわけだから、その後どんなに苦労したって、その喜びのために我慢できちゃう。これがもし『いまできるところから始めましょう』なんてやっていたら、到達する前に諦めてしまっているでしょうね」

（『プレジデント』2011年3月7日号茂木健一郎氏との対談より）

孫にとって、最初に根拠などは必要なく、自分が大成功しているイメージを持つことができることが大切なのである。努力はその後でいいということだ。

志を叶えるための座右の書

孫正義が尊敬するのは織田信長であり、坂本龍馬であり、また座右の書の一冊としているのが『孫子』である。『孫子』をバックボーンにして戦略、戦術を立てていくこともあるという。

孫はもともと読書家で、闘病中には４０００冊本を読んだという話がある。

孫は中学3年のときに司馬遼太郎の『竜馬がゆく』を読み感動した。それから何度も、孫は『竜馬がゆく』を精読している。

「私は、同じ本を二度読むことはほとんどありませんが、『竜馬がゆく』だけは、これまでに5回読みました。(1) 渡米するとき、(2) 起業したとき、(3) その2年後の１９８３年に慢性肝炎で入院したとき、(4) 94年に株式上場したとき、(5) その直後に、数百億円を投じて米国でコンピュータ関連の展示会会社「コムデックス」や、専門出版社「ジフデービス」を買収しようと勝負をかけていたときです」（『ダイヤモンド・オンライン』２０１０年1月15日より）

空手界のゴッドハンドと称された故・大山倍達は、吉川英治の『宮本武蔵』を座右の書としたという。そして人生の節目で、「武蔵ならこのときどう行動するか」と、行動の指針にしたという。もちろん、それは吉川英治の人間性を抜きには考えられない。「吾以外、皆吾師」と、人から学ぶ謙虚な吉川の人柄が、その作品にも反映する。

龍馬を心の師とした孫にとっても、前述の篠田正浩監督に「明るく」と言った司馬の意図は大切であろう。

筆者が言いたいのは、孫のように「夢」「志」を実現するための「座右の書」は重要だということである。

これは、本の中の「座右の銘」であっても構わない。

筆者は20代の時に、「正食《せいしょく》」（現在のマクロビオティック）を世界に広めた故・桜沢如一に憧れた。桜沢が「世界武者修行」したことから「修行」というのが私のキーワードであった。これは前進とか進歩、向上という意味合いのものである。

そして、物書きになりたいという夢を持ち、中身としては幼いものだが自費で「日々前進」「求道的人生」といったものを書いて現在の心構えやビジネスの原形を築いた。その小冊子を知人に渡して、「置き忘れ」られたり、「何を考えてんの」などと見下された「悔しさ」は、良い成長のバネになった。

さて、この座右の銘にしても、自分が心底肯定できる血肉と化さねばならない。

知人のアナウンサーからこんな話を聞いた。ある結婚式で司会をしたときのことである。新郎側の親類の一人があいさつをした。

「それでは、二人のために私が座右の銘としている言葉を紹介します」

そのあと一呼吸あって、

「かの有名な夏目漱石の言葉に……」

と言ったきり、絶句したという。つまり、本当は前の晩にでも名言集を見て、いきなり練習もせずに引用しようとしたのであろう。だから、実は座右の銘などではなかったのである。

おそらく、アメリカに研修旅行へ行ったときの孫は、自らを「龍馬」になぞらえていたことだろう。そして、「龍馬のように……」とつぶやいたのであろう。


「そうそう、『竜馬がゆく』には、『世に生を得るは事を成すにあり』という言葉が出てきます。この『事を成す』とは、どうすれば自分の人生を前向きに生きることができるか、そして世の中に前向きな影響を与えられるか、ということではないかと思っています」（『ダイヤモンド・オンライン』２０１０年1月15日より）

人生の節目に、また、志を叶えんとするときに座右の書、座右の銘のある人が幸せである。

いつでもゼロからスタートできるために

孫正義の夢は、「情報・通信世界で天下を取る」ことにある。だから、それに至る前での成功は、いつでもあっさりと「ご破算」にすることができる。

並の人ではなかなかこうはいかない。小さな成功であっても、そこにしがみつきたい。もう離さない、となりがちであろう。

孫の日本でのビジネススタートは、1981年9月の日本ソフトバンクの設立である。当時は、パソコン用のパッケージソフトの流通（卸業）が主たる業務内容であった。

しかし、孫はアメリカ時代にすでにビジネスを開始していた。

そのビジネスの素は、「音声付自動翻訳機」である。

それは、スピーチ・シンセサイザー、辞書、液晶ディスプレイをマイクロ・コンピュータでつなぐというものであった。

後年、シャープが電卓に使用するために孫に特許料を支払ったという有名なものである。その資本をもとにして、アメリカにベンチャー企業である「ユニソン・ワールド」が設立された。

小さな成功に甘んじるのであれば、そのままアメリカでビジネスをしていたなら、そこそこの成功をおさめたであろう。

しかも、孫のビジネスの着眼は超一流である。「儲かる」かどうかはすぐに断を下せる。アメリカ時代には、日本でブームになったインベーダーゲーム機を安く入手し、アメリカで販売して儲けたりなどもした。

バークレーにあったゲームセンタービルを単身乗り込んで買収したという武勇伝も、この頃のことである。

しかし、孫はアメリカでの「小さな成功」では満足しなかったのだ。

ゼロからスタートするときには、必ず資金、心の支え、知恵といったあらゆる面から考えて「人」が必要である。

孫は、「よし、日本に帰って成功しよう！」と決意した。そこに、「人」が当然介在してきている。

一人は当時シャープの専務（後に副社長）であった佐々木正氏である。

もう一人は、優美夫人である。

優美夫人は、熊本県の医師の娘であった。両親に会って話すために、孫は熊本に向かった。「日本でビジネスを！」という志があったとしても20歳そこそこの青年には、「この女性のために」とすべてを賭けて、アメリカのビジネスを譲っての熊本行きだったかもしれない。

仮に「もしも」の話だが、もしもアメリカで孫が惚れたのが在住のアメリカ人だったら、今の形でのソフトバンクはなかっただろう。日本人の優美夫人だったから、日本でソフトバンクは生まれたと言える。

当時はインターネットなど普及しておらず、世界のどこにいても均質な情報は得られなかった状況である。つまり、九州では情報収集が今一つうまくいかなかった。もちろん集客にしても地方都市よりは東京であった。

佐々木氏は、孫に「東京進出」を示唆し、孫はそれに従ったのである。それが、麹町のソフトバンク設立になった。

「この女性のために」と、日本でのビジネスの原動力となったのが優美夫人であり、いざというときのアドバイザーになったのが佐々木氏である。佐々木氏は、孫の発明品である音声付自動翻訳機を採用した当事者でもある。

この後も孫には、節目となる時期にさまざまな人々との出会いがあり、それで事業を拡大したり、危機を乗り切った。出版業に乗り出す際の田辺聰氏（東京旭屋書店常務）、大病を患ったときの熊田博光氏（虎の門病院肝臓科医師）、投資事業のよきアドバイザーだった北尾吉孝氏（現SBIホールディングスCEO）、ソフトバンクにとって大きな転換となったヤフーへの出資時のヤフーの共同創業者ジェリー・ヤン氏、お互いに実力を認めあうビル・ゲイツ氏

（マイクロソフト会長）、ソフトバンクの携帯電話事業大躍進の大きなきっかけとなったｉＰｈｏｎｅの生みの親であるスティーブ・ジョブズ氏（現アップル会長）など、枚挙にいとまがない。

ちなみに、このような過去の恩人や功労者の恩義を忘れないという意図で、毎年4月30日から5月2日の間の1日を、孫は「恩人感謝の日」としてソフトバンクの休日にしている。このあたりの義理堅さも孫が周囲の人々をひきつける要因であろう。

もちろん「人」に頼ってから、ゼロからのスタートを切るのではない。ただ、ゼロからすべてを捨ててやっていくには、どこかで「人」の力が必要なのだ。

経営の資源として「ヒト」「モノ」「カネ」「情報」……と常に「人」が最初に挙げられるのも、「人」あってこそ私たちは活動していけることを示す。

何かを成さんと志のある方、あなたの周囲に「人」はいるだろうか？

逆境に感謝する

筆者は以前、「二世経営者」を相手に「ストレス対処法」というテーマで執筆したり、講演したことがある。

「二代目」というのは、企業やそれに伴う人脈、信用等を継承できるという意味では恵まれているだろう。

しかし、常に創業者と比較されたり、自分の代で大きな変革を考えるときには、逆に自由が少なくなるというマイナス面もある。「先代はそんなことはしなかった」「それは我が社のやり方ではない」などと古参の社員から言われるのは大きなストレスとなるであろう。

一般には「社長の息子」などというのは、恵まれた運命ではないかと思われている。また、これは自分で選べないからむしろ「宿命」と言ってよいものであろう。血液型や生みの親のようなもので、変えることはできない。

人生成功の要因の一つとして、「逆境」を挙げる人が多い。

有名なところでは、松下幸之助の「体が弱かったこと、学歴がなかったこと、貧しかったこと」というのがある。一見すると、これは逆境そのものであり、成功のマイナスファクターではないかとさえ思われる。

しかし、松下の場合、体が弱いからこそ健康に留意して長生きし、学問していないから人の話をよく聞き、さらに貧しかったから豊かになろうと努力したのなら、それは成功要因そのものではないか。

孫正義も、やはり逆境で育ったといってよいだろう。

１９５７年８月11日に、孫は佐賀県鳥栖《とす》市で生まれた。

〝伝説〟では、本籍は五軒道路無番地なのだという。旧国鉄の線路脇バラック。祖父は韓国からの密航者だったともいう。

養豚や養鶏、時にはヤミ酒造り、必死になり父母は生計を立てた。

バラックで育った孫。養豚の手伝いのためにエサをリヤカーで運ぶ祖母の姿。そんな貧しいながらも懸命に生きた父母、祖母らの姿が、孫の心の原風景にある。

ただ、物質的に貧しいことは、心の豊かさとはまったく関係ない。「清貧の思想」が一時ブームになったのも、人は本当の「心の豊かさ」を求めるということであろう。

私はここで逆境と言ったが、孫自身はむしろ伸び伸びとした心であり、苦しい逆境ではなかったはずだ。

孫は在日韓国人三世であり、むしろそのほうがバラックでの生活よりも、現実的には逆境だったかもしれない。１９９０年には日本に帰化している。

将来の王様として王子に生まれつく。これは宿命である。そして、傍からは「幸せ」と思えても、はたして本当に当人が幸せかどうかは本人しかわからない。「幸福とは主観的な断定」（中村天風）だからである。

むしろ、豊臣秀吉の例を出すまでもなく、名もなき貧しい民間人が、天下人になっていくほうが「幸せ度」は大きいのではないだろうか。

世の「成功者」と言われる人にお会いすると、成功を成し遂げた今よりも、苦労して成長していったプロセスがなつかしく幸せと言う方が多い。

今、逆境にある人こそ、ポジティブに考えてみてはどうだろうか。

もうダメだ、どん底だ、と言うのではなくて、「あとは上昇していく一方だ」と考えるのである。

逆境というのは成長していくための原動力になるものだ。むしろ、逆境であることに感謝するぐらいでちょうどよいのではないだろうか。

逆境というのは何も人生のスタート時だけにあるのではない。

１９８２年春、孫は社内の健康診断で、重度の慢性肝炎であることが判明した。即入院となり、以来２年ほど孫は入退院を繰り返すのである。

対外的には孫は「アメリカ出張」という形にして代理を置き、この1982年4月から完治するまでの1984年6月まで闘病時代を送った。

この時期、孫は最悪の場合には「死」をも覚悟するという状況であった。「あと5～6年」というのが医師の宣告であったという。

人間、「死」に直面するというのは、やはり最大の逆境と言ってよいだろう。臨死体験を経験した生還者の「人生観」がガラリと変わるという報告は世界中でなされている。孫はそこまでいかなかったが、やはり「死病」の宣告はかなりの衝撃であっただろう。

ただ、興味深いのは、「情報革命」の旗手である孫の生命は、ある意味「情報」によって救われたことである。

孫は、「情報」として、肝炎治療の学術論文を収集し、読み続けたという。そして、虎の門病院の熊田博光医師の論文と出会ったのである。詳細は省くが、そのステロイド離脱療法によって、孫は救われたのである。

そこに私は孫の強さ、しぶとさを見る。自分の生命のために、「もうダメだ」とあきらめずに、あらゆる「情報」を収集していく。

そして、最善の治療法を自らの手で探し出す。

形は違うけれども、自らの死病を克服し、世のためにその生命哲学を説いた中村天風師を想った。

人は「死」が目前に迫ると、驚くほどのパワーを発揮する。そのパワーを孫は「情報収集」に充てたのだった。そして、自らの手で救いの道を拓いた。

闘病時代は孫にとっての「知」の充電期間であった。

また、会長に退いて、社長を1983年4月、大森康彦氏に任せた。

大森氏は野村証券の企業部長、国際本部長、あるいはセコムの副社長といった経歴を持つ。大森氏就任から孫が復帰する1986年3月までに、売り上げは3倍増になった。

ただ最終的には、「ビジョン」の相違によって二者はたもとを分かつのであった。

そのように、「人財を外から眺める」という意味でも孫にとっては良い経験になった。

つまり、闘病という逆境も結果として、感謝すべき「プラス」になってくれる。それは、より人生を豊かにし、生きる力を湧かせてくれる。

もう一つ、ビジネス上の逆境ということで挙げておく。

1981年、ソフトの流通会社として「日本一」を目指していた孫は、何としてもソフトバンクの知名度を上げようと必死だった。

ところが、当時のパソコン専門誌はソフトバンクの広告を取り扱ってくれない。電波新聞社の『マイコン』、工学社の『I/O』、アスキー出版の『アスキー』はそろって拒否。それは、

「流通革命」をうたうソフトバンク、さらには孫に対しての反感からである。

１９８２年５月、それならということで『Ｏｈ！ＰＣ』『Ｏｈ！ＭＺ』が発刊されたのである。

決してあきらめずに目標に向かう孫の真骨頂であろう。

戦略としては、パソコンの「機種別情報誌」である。が、一誌でいいのではないか、資金も苦しい時期に何も二誌同時に発刊する必要はないのではないか、という意見も社内にあったという。

しかし、一誌だけだと、特定の社の「下請け」的なイメージになってしまうので、あえて二誌同時にこだわったのだという。

そこには、ただ広告拒否にあったのでやむを得ず発刊するというのではなくて、自ら前向きにピンチをチャンスに変えてしまおうという孫の戦略眼がある。

天下人３人をうたったものにたとえれば、孫のビジネスは「鳴かぬなら鳴かせてみようホトトギス」と言った豊臣秀吉に近いのではないか。徳川家康のように「待ち」ではなく、織田信長のように「殺してしまう」ほどの短気でもなく、戦略的に動く。

知恵で逆境をチャンスに変えてしまうのが、孫正義という男の流儀である。

生き方のルールを厳守する

孫正義がこれまで手がけてきたM＆A路線に対して、その買収額のケタ外れの大きさに対して、危惧の念を抱いた者は多い。

あるいは株価にしても、「機関投資家相場」と断定するプロもいれば、海外企業への投資は買いで順当、と評価する者もいる。アナリストの眼をもってしても、100パーセント確実にソフトバンクの実体をつかみきれていないのが現状であろう。

ソフトバンク自体の売り上げも、ゲームソフトからビジネスソフト、出版、さらにインターネット、通信へと中身が変化していっている。そのような、いわば変化しつつ「拡大」していく路線の中で、孫には3つの基本方針がある。これを厳しく守りながら成長を計るのである。

本書はあくまでも「孫正義」という人物を探求し、その中から私たち個人の生き方の糧を得るというスタンスにある。

だから、ソフトバンクの経営実態がどうとか、ブレーンの人間性がどうとか、いわば「週刊誌的」なところには焦点を当てない。

あくまでも孫正義の発想、行動、信念といった「成功」へのヒントを探っていくことが中心になる。

さて、孫正義の拡大路線のルールは次の3つである。

1　デジタル産業以外には手を出さない
2　ナンバー1になれる事業以外には手を出さない
3　インフラ関連以外の事業には手を出さない

このルールをもとに、孫は拡大路線を走ってきたのであり、ただやみくもにM&Aを繰り返してきたわけではない。

たとえば、1995年、大型買収（2000年に売却）と騒がれたジフ・デービスの出版部門は、コンピュータ関連の雑誌では米国のシェア5割を握っている。つまり、ここを手にしたら、「ナンバー1」となれるわけだ。

当時、18億ドル、日本円で1853億円という巨額な資金が流れたのである。が、前述の基本ルールからは外れていない。世界一のコンピュータ見本市コムデックスの買収も同じである。あるいはヤフーにしても、年商約2億円、1億円の赤字を出し、しかも月の売り上げは当時一千数百万円のスケールであった。それを100億円出して買ったのである。

これもヤフーはデジタル産業、インターネット検索という「インターネットに特化」している企業であり、孫のルールに当てはまっているのである。

あるいは、ソフトバンク創業時、日本一のソフトの流通会社を目指した孫は、当時日本一のソフト小売会社の「上新電機」と、日本一のソフト会社「ハドソン」と独占契約を結んだ。これもまさにナンバー1戦略、ルールにのっとったものである。

孫のビジネス、あるいは「生き方」のキーワードの一つに「スピード」が挙げられる。人生のんびり構えているには時間が足りないのである。

大学入学資格を得るために、翌年にせずに2週間後に迫っていたその年に検定試験を受けたのはなぜか。ジャーナリストの滝田誠一郎氏の問いに、孫は「人生は限られた時間しかないと思ったから」と答えている。

有限な人生であればこそなおさら、ノールールであってはなるまい。人生の基本ルールは自分で定めて、守って生きたい。

人生は有限。

忘れがちだが、大切なことである。

戦略的に生きる

リーダーシップの発揮について、孫正義は次の３つが大切だという。それはそのまま優先順位になっている。２０１０年６月25日に発表された「ソフトバンク新30年ビジョン」でも、孫はこの順番で２時間に及ぶスピーチを行っている。

1　理念、志
2　ビジョン
3　戦略

ここでまず、３番目の戦略について考えてみたい。

これはわかりやすく言うと、いかにして戦うか、つまり、理念や志、ビジョンを実現していくための戦い方である。

たとえば、Ｍ＆Ａの戦略もそうだ。これがＭ＆ＡのためのＭ＆Ａであってはならない。そこを、しっかりと孫は考えている。

なぜM&Aをしていくのか。それは、戦略として有利だからに他ならない。孫は織田信長を尊敬しており、その戦略もかなり影響を受けている。

信長の場合、「敗れる」とはじめからわかるような戦いは一部例外を除いては行なわなかった。これが大きな戦略の柱であった。

たとえば、武田信玄に対しては、あくまでも下手に出て、決して直接対決をしようとは思わなかった。現存している書面を見ても、下手に出て、へり下り、信玄の怒りを買わないように細心の注意を払っている。

戦い方としては、「長篠の戦い」のように大量の鉄砲という「物量作戦」で、旧時代の騎馬武者を破っている。これは、数と兵器の質で「必ず勝つ」と勝算が立ったからこそ、あえて戦ったのである。相手が甲斐の強武者ぞろいであり、信玄の血筋であるという危険はあったが、それでも「勝つ」とわかっていたから戦ったのである。

不敗で知られる宮本武蔵にしても、吉岡一門や佐々木巌流小次郎は別にして、倒したのはほんどが無名の士である。

つまり「弱い相手と戦う」のである。あるいは、「勝てる」と思う相手としか戦わない。これも立派な戦略であろう。しかも、実力がなくてはできないことだ。

信長の唯一とも言える例外は、田楽狭間《でんがくはざま》、通称「桶狭間《おけはざま》の戦い」である。

当時の今川義元の軍と、信長の軍の兵士の数は、実に10対1という圧倒的な差があった。「ランチェスターの法則」によれば、武器性能に大差がなければ、攻撃力は兵力数の二乗に比例するという。仮に義元の兵士数が信長の5倍であったとしたら、二乗すれば信長の軍の25倍もの攻撃力があることになる。

これでは、まともに正面からいったら勝ち目はない。

しかし、実際には今川軍の兵がバラけた所を攻め、しかも敵の大将今川義元を急襲して倒してしまった。

もっとも、これはあくまでも、生涯に一回あるかないかの戦いであって、「天下」を掌中にするには、やはり「勝ちやすさに勝つ」という戦略でいかねばなるまい。

孫は「7割」方勝てると判断したら行動するという。

ところが、多くの人は「9割」まで行動しない。すると、中には勝てたはずの戦いを避け、みすみす勝利を逃すことにもなりかねない。

孫ほどに自信がないのなら、せめて8割方勝てると判断したら行動に移したい。中には2割ぐらいは負けるかもしれないが、ビジネスにおいて勝率8割なら文句はないだろう。

このような戦略は、ただ勝つためのものではなく、あくまでも理念・志、さらにはビジョンの現実化のためにあるのだということを忘れてはならない。

「常に、高い志を持って、目標に立ち向かっていく。ひと言でいえば、『志高く』になります。志を持ち続けることが大切なのです。事業における私の信条は、『志のない事業は成功しない』です」（『ダイヤモンド・オンライン』２０１０年1月15日より）

理念なきM&A、理念なき戦いでの勝利は必ず後で大きなカウンターパンチを受けることになる。それは、人の心に恨みを残すからである。

仕返し、水増し請求、内部告発、ブラックメール……。すべて強引に「勝ちに」いったツケであろう。人は感情で動くことも忘れずに、あくまでも夢の実現を第一義に行動すべきである。

ビジョンなき行動は無力

人生目標、夢、志、理想……。

呼び方は様々であろうが、ビジネスにおいてもプライベートな生活でも私たちは「こうありたい」というものを持っている。しかし、その実現のために何をするのかという行動、戦略に欠ける者は多い。

真に「実現したい」と念じたら、そこには必ず行動が伴うものである。つまりは行動しないがために実現しないことが多い。ところが、この戦略レベル、行動レベルまではたどりついても、今一つ思い通りに成功できない人がいるのが現状である。

何が欠けているのだろうか？

それはビジョンである。

別の言い方をしたなら大所高所に立つということである。

孫正義の挙げた「リーダー」としての３つの基本（①理念、志、②ビジョン、③戦略）は、私たちにとっても、成功への行動指針として通用するものであろう。

多くの人は、まず目標がはっきりしていない。何がやりたいのか、何を手にしたいのかがあいまいなのである。それと比べると、孫の志は鮮明である。

「ビジョン」がないために実現しない人の何と多いことだろう。

全体展望すること、英語の bird view である。

そうすれば、夢の実現のために何が必要か、細部まではっきりと見えてくるものである。

理念なき行動は成果には通じない。

仮に北海道へ行くという目的があったら、ただやみくもに向かっていってもたどり着く可能性は低い。しかも、目的地さえはっきりしないで歩いたら、疲れるばかりではないか。

まず目的地を定める。次にビジョンである。どうやって行くのか。予定の日数は、かかる費用は、と具体的に明らかにしていく。見通すビジョンである。

そして行動する。行動だけ、目標だけでは真の成功にはなかなか至らない。常にビジョンを持つ人こそがこれから生き残るリーダーとなる。

第2章

発想(Idea)

発想をすぐに実現する

勢いのあるリーダー、利他の心

「座右の書」は必ずしも変わらないものではない。

若き日の孫正義にとって『竜馬がゆく』は、座右の書である。また、苦境の度に読み直す本でもあった。

「やはり、ここに力づけられる」ということもあれば、「何であんなに感動したのか」と疑問に思うこともあるだろう。

同じ人であっても、同じ本のまったく別の箇所に共感を覚えるということもある。あるいは、年を経て読み直して、以前は気づかなかったことがわかる場合もある。人は成長していくものである。

孫が闘病時代に「座右の書」としていたものの一つに『孫子』がある。

有名な武田信玄の旗印「風林火山」の原典であり、湾岸戦争のとき、兵士がカセットで聞いて耳から学んだと言われる兵法書である。

個人の場合の「兵法《ひょうほう》」ではなくて、集団での戦いのダイナミズム「兵法《へいほう》」を説いた書でもある。約2500年前に孫武《そんぶ》の手によって書かれたものと言われる。1972年には、竹簡に記された『孫子』が出土し、従来の「宋」代のものより１０００年も古い前漢時代のものが明らかになった。

では、『孫子』の兵法の観点から孫正義のビジネスを眺めてみよう。

２０００年の1月４日、ついに孫のソフトバンク株価は終値が10万３０００円となった。このことにより時価総額は11兆３０００億円になった。これは何を意味しているのだろう。

それは、銘柄として見た時に東証一部で「10兆円銘柄」になったということだ。

ちなみにこの「仲間」となる10兆円の企業というのは、ＮＴＴドコモ、トヨタ自動車、セブン‐イレブン、ＮＴＴ、ソニーの5社である。ソフトバンクは、これらの大社員、大工場や多店舗を持つような企業とはまったく「質」の異なる企業である。何しろ、製造するものは形としては何もない「未来型」と言ってよい企業だからだ。

また、孫が最近主張するように、企業としての価値は「時価総額」で決まるのなら、ソフトバンクは20年も経たずに日本で十指に入る企業に成長したのだと言ってよい。

ここで言いたいのは、孫、ソフトバンクには「勢い」があるということだ。そうでなければ「10兆円」ということにはならないだろう。また、以前から孫の言うように、トーフのように「一丁（兆）二丁（兆）」と言えるようなビジネスに、すでに達したのである。

スポーツの試合を観ていると、実力者が、波に乗って勢いのある選手に敗れてしまうようなことがある。これは個人ばかりでなく、チームであっても同様である。

『孫子』にこうある。

「善く戦う者は、之れを勢に求め、人に求めずして、之れが用を為す」

——故善戦者、求之於勢、弗責於人、爲之用。


ここでの「人」というのは個人的な力、勇気といった内容である。

つまり、戦の上手な者（リーダー）は、個人的な能力ではなくて、チームの勢い、総合的なパワーに頼って勝利していくのである。

「勢い」というのは、あたかもアメリカ西部のカウボーイのようなものである。

カウボーイが東へ向かって何百という数の牛を追う。するとそこには牛の集団の「勢い」ができる。その中に逆方向へ向かおうとする牛がいても、大きな流れをくいとめることは不可能である。その集団のパワーに押し流されてしまうのである。

つまり、リーダーはこの「勢い」をつくり出すことのできるカウボーイのような役割を持っている。

それはあるときにはアメにあたる報賞的なモチベーションかもしれない。また、別のときにはムチ的な罰則かもしれない。

孫の場合、「10兆円」というスケールの勢いを作り出したのであり、これ一つ取ってみても並のスケールでは計れない人間であることがわかるだろう。

孫が上新電機の工藤浩と初対面の時、工藤は次のような印象を持ったという。

「初対面のときに『こいつはすげえやつだな』って思った。話しを聞いてみて、こいつはペテン師じゃない。本気だってわかった。……中略……確かに天才みたいな感じがするところがあったし、こいつなら日本一の流通会社をつくれるだろうなと思わせるものがあった」（滝田誠一郎著『孫正義　インターネット財閥経営』日経ビジネス人文庫）

孫は、どうやら昔から「ナンバー1」が口癖のようである。

しかし、ただ業界ナンバー1というだけでは、誰も心から信じたりはしないだろう。が、孫には豊富な「情報」と「情熱」、そして明確な志、さらにビジョンがあった。だから人は信用してついてくるのである。

これは「ソフトの流通会社でナンバー1」と言ったときも、「デジタル情報社会でナンバー1になる」という今でも、基本的に変わっていない。

孫正義は、「勢い」を生むことのできるリーダーである。これを別名「カリスマ」と人は言う。

孫はかつて「日本のビル・ゲイツ」と称されたこともあるが、やがては今よりもずっと多く、人は孫のことを「カリスマ」と称することになるだろう。

ビル・ゲイツのアメリカ社会における位置は、「大統領候補」としても通ずるような現代の「カリスマ」と言ってよい。

ジョン・D・ロックフェラーに匹敵するような経営者と称されているものである。この社会的な評価では、まだ孫はビル・ゲイツの域には達していない。しかし、孫は後述するような情報社会における意識の「ステージ」においては、すでにビル・ゲイツを抜いた所に立っていると言える。

これは「意識」の方向性ということであるが、孫は「拡大」が主眼になる。己のビジネスを大きくしよう、成長・向上させていこうというレベルにある。もちろん、ビル・ゲイツもその方向性は持っている。

しかし、それ以上にゲイツにあるのは「社会還元」の方向性である。「利他の心」と言ってもよい。たとえば、鉄鋼王アンドリュー・カーネギーの「カーネギーホール」に代表されるような教育、医療、文化等の社会、国民への還元、「世のため、人のため」という方向性である。

孫の方向が、拡大・成長にプラスして「利他的」になったとき、間違いなくビル・ゲイツを越えると言ってよい。

なぜなら、ビジネスとしてのビジョンということに限定したなら、すでに孫はビル・ゲイツを抜いているからである。

しかも、すでに「利他の心」も持ちつつあるのは、東日本大震災に私財を投げ打つような行動からもわかる。

戦わずして勝つ

孫正義は、自分のビジネスを理解するのに、『孫子』や「ランチェスターの法則」を周囲がもっと学んでくれたらと考えている。

周囲というのは、孫のビジネスに対して批判的な友人ととらえていただいて構わないだろう。もちろん、孫をある程度理解している人々や、賛同者であっても同様である。

そこで、いくつか『孫子』の中から、孫の理解に役立つような所をご紹介しておこう。

筆者は一時期、戦国武将や「孫子の兵法」をテーマに講演したり、執筆していたことがある。中には、戦国武将とストレス理論のような着眼点の著作もある。

だから、孫のコメントの中に、かなりの部分、「戦国武将」や「孫子」が入り込んでいるのがよくわかる。これも、「病気」というマイナスファクターを成長へのチャンスに変えた努力によるものだ。つまり、闘病中の読書が孫にとっての実践的な学問になった、血肉と化したのである。

たとえば、孫はアメリカで経済学を学び、ビジネスを学生時代から実践してきている。

だから、M&Aに対しても、「戦わずして勝つ」ための手段として抵抗なく用いていけるのである。

どうしても日本の風土だと、Ｍ＆Ａに対していまだに「乗っ取り」の意識は強い。

１９９６年のテレビ朝日株取得（発行済み株式の21・４％、５１３６株、４１７億５０００万円で買収）のときにも、「買収」「乗っ取り」的なニュアンスで受けとめた人もいたはずだ。

しかし、金額的には孫の中ではケタ外れに大きなビジネスというのではなかった。むしろ、その後の人脈や企業とのつながりのほうがメリットは大きい。

そして、「孫子の兵法」からいくと、孫自身としては「いつものように」ビジネスをしていたにすぎない。

『孫子』には「上兵《じょうへい》は謀《ぼう》を伐《う》つ」とある。

つまり、敵の城を攻撃したり、野戦で敵と戦うのはあまり上手な戦い、好ましい戦いではない。敵城への直接攻撃は最も拙劣とされているのだ。

そうではなくて、敵の同盟国との友好関係を断ったり、敵の策を未然に防ぎ打破することのほうがはるかに上手な戦いである。

さらに有名な「百戦百勝は、善の善なる者には非ざるなり」である。

また「戦わずして人の兵を屈するは、善の善なる者なり」とある。

Ｍ＆Ａは、まさにこの「孫子の兵法」そのものと言ってよい。「戦わずして勝つ」のである。

ここで言う「勝つ」というのは、古くからの交渉、ビジネスで言う「WIN・LOSE」（勝ち負け）」の勝つということではない。

『7つの習慣』の中でスティーブン・コヴィーが勧めているような「WIN・WIN」の意味である。日本語ならさしずめ「相互満足」的なビジネスと言えよう。

敵の城を討つような直接的なビジネスで負かしてしまうと、相手は必ず「恨み」を抱くものである。

あるいは、売り上げで勝負する、価格競争のような「戦闘」をしてしまうと、やがては「LOSE・LOSE」、つまり共倒れとなるのは目に見えているだろう。

日本人にはまだ、ビジネスに対してアメリカのように「開かれた」意識の足りない面がある。弱者を国が「保護」するような策というのは、弱者が強者になっていたり、世界という目で眺めた場合には「異質」である。

同様に、M&Aに対してのとらえ方も、日本の場合は「異質」である。これはいい悪いというのではなくて、現在そうであるということだ。

これからの時代、孫や『孫子』の「発想」から学べることは多いはずである。

敵の情報を知らざるは不仁《ふじん》、情報に頼れ

情報化社会において、「情報は力なり」とは、あらためて言うまでもないことであろう。１億円もの赤字を出して、設立後1年も経たないような「常識的」には弱小の、海のものとも山のものともわからないヤフーに、なぜ孫は目をつけたのか。

孫が米国のヤフーに資本参加したのは１９９５年1月のことである。

１９９６年1月にはヤフー社の日本現地法人を設立した。アメリカでの店頭公開は４月。そして、ヤフー・ジャパンが店頭公開したのが１９９７年11月。

ヤフーが大化けして、「兆」単位のスケールへと成長したのはご存知の通りである。ここでのスケールとは、「時価総額」主義とでも言うものであるが。

さて、米国のヤフーに資本参加したのは、実は同月に買収したジフ・デービス・コミュニケーションズ社の出版部門の力によるところが大きい。つまり、「ヤフーは急成長する」という確たる情報を孫は手にしたのである。

「情報」と言っても、「今川義元が田楽狭間にて休憩中」というような情報の形は、むしろ今では少ない。

つまり、データを分析した後の「ろ化」された情報、これは未来予測も含めて、分析者の主観も加わった情報である。これが大きな力になる。

「ジフ・デービスから得た情報は大きいですね。ジフ・デービスには3000人くらいの社員がいて、そのほとんどがテクノロジー・アナリストです」（竹村健一著『孫正義　大いに語る』PHP研究所）

『孫子』では次のようなことを説く。

10万というスケールの大軍で「外征」したとする。すると、政府も民衆もその出費は大変なものになる。農民の多い時代だが、農業に専念できずに物資の輸送にかり出されたり、「後方支援」で休まる間もない。

そして、大敗してしまえばこれらの労力はムダになってしまうわけだ。

だから「敵の情を知らざる者は、不仁の至りなり」というのである。

——不知敵之情者、不仁之至也

情報収集、戦争なら収集も含めての「諜報活動」が不可欠ということである。

誤解してならないのは、孫はインターネット関連ならどんな会社でも大きな投資をしているわけではないということだ。「情を知り」、つまり徹底的に情報収集し、分析し、その上で決断を下しているのである。

ヤフーそのものには１００億円単位の投資としても、「情報」を手にするために、たとえばジフ・デービスを買収したようなことも含めて考えたなら、その10倍ではすまないぐらいの「投資」はなされている。

これもまた、『孫子』にある。先の『孫子』の前段にあたる部分である。

それは、「爵禄百金を愛みて」である。

――而愛爵禄百金

つまり、情報をつかむためにはあらゆる努力をしろ、努力を惜しむな、というのである。

まさに、孫が情報収集のために、何百億円もかけることを考えたら、「孫子の兵法」そのままを実践していると言ってよいだろう。

「お金」と考えればよいだろう。

ちなみに、「先知なる者は、鬼神に取る可からず」とも説かれている。

当時、方位や月日、星、五行、鬼神のお告げといった陰陽流兵学が流行していたという。

このような神秘的なことに頼るな、と言うのである。

具体的には挙げないけれども、経営者の中で「鬼神に頼る」例は多くあるのではないか。また、それは一時「ブーム」になったりもする。

同じデータを分析するのであれば、生年や星、「鬼神」の類ではなくて、孫の実践している「まともな路線」に大きな投資をしていくべきであろう。

戦いにおいて、神仏は尊ぶが、頼らないという宮本武蔵の流儀である。あえて頼るとしたなら、それは己自身の力と「情報」であろう。

思い立ったら即、行動する

孫正義は、「攻め」のタイプであり、じっくり待つようなことは性に合わないようだ。

たとえば、留学時代の翻訳機売り込みの際にも、シャープに詳しい西田特許事務所の西田氏に会う。そして、翻訳機を西田氏に見せて特許に値することがわかると、すぐにそこからシャープのキーパーソンに電話を入れてもらっている。

「思い立ったら即、その場で行動」するのである。

日を改めて、体勢を整えてなどと言わないで、「今」である。このとき、孫は19歳の青年であった。

あるいは、ソフトバンク初の出版物『ポケコン・ライブラリー』出版の際にも、この「孫らしさ」を発揮している。

当時、東京旭屋書店の常務だった田辺聰氏を訪れた孫は、出版の取次システムを知る。

田辺氏が大手の日販、トーハンの仕組みを教えると、孫はすぐその場で「担当者を紹介してください」と頼み込む。

そして、何とその日のうちに田辺氏同行のもとに、日販とトーハンの双方に口座開設を実現させてしまう。
場合によっては、人が何年もかかるところを、あるいはかけるところを、孫は1日でやってしまうのである。その「速さ」は孫の性格でもあり、ビジネスの強みである。時として、周囲がそれについていけないぐらいに孫の思考も行動も「速い」のである。

1994年の7月に店頭公開を果たした後、次々にM&Aを仕掛けていった。

これはソフトバンクにしばしば冠されている「急成長」とか、「急拡大」というように周囲にあらわれている。しかもM&Aの規模は100億円の単位であり、大型M&Aの連続であった。

「孫子の兵法」を座右としているばかりでなく、もともと孫の性格が『孫子』と合致していると言ってもよい。この「速さ」はまさに重なり合っている。

孫は意識して『孫子』を活用しているし、孫自身がもともと「孫子的」な人間なのであろう。

もともと日本では『闘戦経《とうせんきょう》』に見られるように、まともに正面から名乗り合って戦うのが潔いとされて好まれた。だから、孫子的な発想そのものが「フェアでない」として嫌われるのであった。

だから、今でも孫のビジネスの手法は、「日本的でない」として、受け入れられにくい風土がある。それは、M&Aや「急成長」「急拡大」にも見られる。また、横ならびで先行投資など手控えるのが「常識」なら、そこから外れている孫の手法は、理解しにくいのであろう。

この「速さ」というのは、『孫子』においては重んじられる。

「兵は拙速を聞くも、未だ巧久を聞かざるなり」

つまり、戦いにおいてまずい点があっても速く決断することはあるが、完全を求めるあまりに長引いたということはない、というのである。

まさにこの『孫子』中の言葉は、孫正義のビジネス手法や性格を表わしたものではないか。

孫自身は『孫子』や「ランチェスターの法則」を学べば、孫の経営手法、特にM&Aについての理解が深まると述べている。

私はこれに加えて、『孫子』を学んでいくことによって孫自身の性格さえわかってくると考えている。なぜなら、孫はもともと孫子的な発想、性格の人物だからである。

平成の龍馬

孫正義がアメリカ留学の前に、座右の書としていたのは、司馬遼太郎の『竜馬がゆく』であった。

坂本龍馬の発想には、孫とも共通して時代の先端をいく「先見性」があった。

後世の創作ではあるが、龍馬の発想を表わすエピソードがある。

相手は同志である檜垣清治《ひがきせいじ》とされている。ある日、檜垣がやってきて龍馬に言う。手には長い刀がある。

「どうだ、立派だろう」

ところが、龍馬はこれからは刀の時代ではないと言う。

「それはもう時代遅れだよ」

と龍馬は短刀しか差していない。

そこで、次に会うときに短刀を持っていくと、

「これからはこれの時代だ！」

と、龍馬はピストルを見せる。刀ではなくて、西洋の飛び道具だというわけだ。

やっとの思いでピストルを手にして檜垣は龍馬のもとへ行く。すると、

「武力だけでなく、これからの時代はこれが必要だ」

と懐から『万国公法』を取り出したというのである。

１８６６年、龍馬の海援隊は大洲《おおず》藩所有のイギリス・バーミンガム建造の蒸気船「いろは丸」を借り受けた。

ところが、翌年、香川の沖合いで紀州藩の明光丸と衝突して、１６０トンの蒸気船「いろは丸」は沈没してしまう。対する明光丸は８８０トンの大型船だった。

「いろは丸」に出資したのは大洲藩６万石。対するのは紀州55万石の明光丸である。「いろは丸」側に勝ち目はないと思えた。

このときに龍馬が紀州藩に損害賠償させるよりどころとしたのが、この『万国公法』であった。

詳細は省くが、世論操作をしたり、交渉に土佐藩の後藤象二郎のような実力者を登場させたり、長州、薩摩といった藩に援護を依頼していった。

結果８万３０００両という賠償金が海援隊の手に入ったのである。

泣き寝入りせずに、たとえ相手が巨大な権力を持つ大きな藩であろうと、堂々と立ち向かっていく龍馬の真骨頂であろう。

まだ創立間もない小企業であっても、世界を相手にビジネスを堂々と進めていった孫とイメージが重なる。

あるいは維新にあたって「志士」の多くが官界入りを望んだのに、「世界の海援隊でもやりますかのう」と龍馬が言ったエピソードなども、日本という小さな枠におさまりきれない孫とどこか似ている。

「龍馬」が若き孫にとっての憧れ、心理的なモデルであったなら、アメリカでビジネスしながら、「龍馬だったらどうするか」と、おそらくは自問して行動したはずである。少なくとも、海外雄飛を夢見てアメリカの地を踏んだ孫の心のどこかに「龍馬」は住んでいただろう。

江戸へ剣術修行に行き、北辰一刀流の達人、剣術の名人としての龍馬像が描かれることは多い。

歴史家の加来耕三氏によれば、これは実像ではなくて、現存する記録からは、龍馬がマスターしたのは西洋流砲術であり、さらには近代の海軍にあるとしている。江戸には砲術修行に出たとするのが加来氏の説くところである。

筆者としては「龍馬」というイメージでは剣の道を究めるためにというほうが好ましいのだが、おそらく可能性としては、加来説に賛成である。

その下地がなければ、仮に勝海舟と出会ってその場で急に勝の思想には共鳴することはできなかっただろうと思うからだ。

ここで筆者の言いたいのは、龍馬の時代の大きな流れをつかむ眼と、孫のそれとは共通しているのではないか、ということである。

海運国家になり、海軍力をつけての興国という龍馬の眼は、「インターネットの時代」と見抜いてビジネスを進めていく孫の眼と共通している。

孫正義の心の中には、自分は「平成の龍馬」であるという思いがあるのではないか。少なくとも「日本のビル・ゲイツ」よりは「平成の龍馬」のほうが孫の心境を表わしているはずだと筆者は思う。

「ステージ論」で着実路線

孫正義は、私たちが今いるのは情報社会の「第3ステージ」であると言う。

これは、常に孫が述べる「ステージ」の考え方からきている。

まず第1ステージ。

これは、アナログの情報テクノロジー中心の時代。テレビやステレオ、ラジオなど電気製品のメーカーのような、たとえば松下（現パナソニック）やソニー、フィリップスといった企業が花形であった時代である。

次に第2ステージ。

これはアナログ情報のサービスの時代である。

これは通信会社、新聞社、テレビ局、映画会社等各メディアが中心になった時代。

日本テレビ、フジテレビ、朝日新聞、またディズニーやNTTといった会社を思い浮かべたらよい。

そして第3ステージ。

時代はアナログからデジタルへと向かう。つまり、デジタル情報テクノロジーの時代になった。

パソコンのハード・ソフトのメーカー。たとえばマイクロソフトもそうだし、インテル、オラクルなど、ここにはネットワーク、インフラの技術提供も含まれる。

これは「過去」のステージに他ならない。

先に孫がビル・ゲイツをある面で越えていると言ったのは、この孫の「ステージ論」によるものである。つまり、いくら努力してみても、もともとマイクロソフトはこの第３ステージの花形であり、決して第４ステージでの中心とはなり得ない。

もちろんゲイツも第４ステージに対処していっている。が、初めから第４ステージのビジョンを持つ孫に、一日の長がある。

また、日本はアメリカに比べてまだ第３ステージの力が強いと言ってよい。だから、ソフトバンクの成長が不思議がられる。

しかし、すでにナレッジ・マネジメントが受け入れられ、「時価総額」が売上げよりも企業価値の尺度になるというのが常識のアメリカでは、より容易に孫の主張は理解されているのだ。

「知識経営は、従来の有形（形のある単位で数えられる）資源や資産中心でなく、無形の知識こそが価値の源泉だとする、あたらしい経営のパラダイムだと言えます」（野中郁次郎・紺野

聖著『知識経営のすすめ』ちくま新書）

孫の言う第4ステージというのは、デジタル情報のサービスのステージである。インターネット検索のヤフーにしてもそうだし、インターネットの出版アマゾン・ドット・コムにしてもしかりである。

すでにアメリカにおいては第4ステージの企業が中心になりつつある。といっても、第1から第3ステージの産業がなくなるという意味ではない。それは当然、確立された産業として存続していくし、「ナンバー1クラス」であれば、その企業の総合力は否定できるものではない。

それでも、時代の主流はすでに第4ステージの企業や産業に移行している。現在進行形なことは、読者もわかることであろう。

孫の自身のビジネスに対する不動の自信は、ここによりどころがある。つまり、第4ステージですでにソフトバンクが世界一の株主になっているから、という理由である。

孫やソフトバンクを「難解」とする向きもある。それは従来の尺度で眺めているがためである。

しかし、「孫子の兵法」に目を向けたり、孫の「ステージ論」を理解したなら、孫の路線が見えてくるだろう。

それは「わかりにくい」どころか、第４ステージの征覇のもとに、着実に前進していることがよくわかるはずだ。

常に自分の尺度が絶対というのではなくて、他の尺度も理解しようとするような謙虚さが欲しい。そうでないと、いつまでも孫正義のような先駆者のことは理解できない。

「10倍のスケール」を持つ男

インターネットを使った証券ブローカー「E・トレード」の創立者クリストス・コツァコス氏は、孫正義について、「インターネットの50年先を見通している」と評した。

先述のように、まだまだデジタル情報サービスの「第4ステージの時代」だと認識できない経営者も多い日本である。そのインターネット時代の何十年先を見抜いたとしても、まったく想像もできないであろう。つまり、孫の言うことを、言葉だけでわかっても、中身を理解できないということだ。

あるいは、ヤフーの創立者ジェリー・ヤン氏は「彼は15年先、20年先を冷静に見すえていた」と孫を評している。それは、創業間もないヤフーに、１００億円投資することを聞いたときのことをふり返ってのものである。

その後もヤフーには投資を続け、今では時価が「兆」の単位になっているのはご存知の通りである。

先見力のない人が、ある人を見ても、「まともではない」と思うのがオチである。先のヤフーのジェリー・ヤン氏も孫のことを「初めは頭がおかしいと思った」と言っている。しかし、このヤン氏にしても、共通して孫の「先見力」を認めているのであった。

彼らは「50年」とか「15年、20年」というスパンの眼を孫は持っていると考えているようだ。

しかし、孫本人は決して大ボラでなくて、「３００年先」まで見えつつあるようだ。ここ数年、孫のスピーチの中には、その「３００年」や「４００年」といったコメントが登場してきている。

孫は19歳の時に、「50カ年計画」を立て、50代前半でほとんどその計画通り、ある面では計画以上に早く実現させてきている。

孫の偉いのは、このような個人レベルでの「人生目標」で終わらない点にある。

孫個人ではなくて、生命体として企業を考え、とりあえずの現実的な寿命として「３００年」をあげたのである。１００年では短すぎだという。

私たちは、「現実的」にどのぐらい先まで考えられるだろう。仮に経営者でなかったとしても、なったつもりで「自分の会社の寿命」をどこまでイメージできるだろうか？

大半の人は、おそらく20年とか30年まで見通せたらいいほうではないだろうか。ということは、孫は常人の「10倍」は心理的に大きな物差しを持っていることになる。

だから、孫自身は普通にあたり前のことを口にしたとしても、周囲は「大ボラ」ととってしまうのである。10倍のスケールを持つ人の発想は、10分の1の側からは、はかることができないわけだ。

「世間から『孫は、また〝大ボラ〟を吹いている』と見えるかもしれませんが、僕は創業したときと同じように、真剣に考えたうえで大ボラを吹いているつもりなのです。今回も、30年前と同じで、真っ当な大ボラです」(『週刊ダイヤモンド』2010年7月24日より)

大ボラとは、実現しない大言壮語のことであろう。しかし、孫のようにすべて実現させていったなら、それは大ボラなどではない。スケールの大きな夢、志を語る偉大な人物である。

孫が誤解されたり、難解だと思われるとしたなら、人々が時代のステージに気づかないことに加えて、あまりにも発想のスケールの違うことが大きな理由であろう。

最近も孫の長期的ビジョンに立つ自然エネルギーについてのビジョンを目先しか見えていない人々が「政商」などと批判したことがあった。数十年先になればハッキリわかることだが、孫が私利私欲で動いている時代はとっくの昔に終わっている。また、「お金」についても、数百億円がどのくらいのスケールか「実感」できているので、私たちの尺度でものを言っても、孫の志からは見当外れであろう。

ストレートに生きる

孫正義は、明確な志を持ち、ビジョンを描いたら実現するまで一直線に突き進んでいくタイプである。少なくともビジネスでは、その傾向が強い。

孫を理解するには、繰り返しているように「孫子の兵法」を知ったり、あるいは「ステージ論」を知り、孫が第４ステージでナンバー1を目指していることに気づく必要がある。

すると、テレビ朝日株取得のときにも、違った見方ができたはずだ。

つまり、今になって第３ステージの企業を「本気で」買収するのはおかしいということに気づく。デジタルに目を向けた孫がアナログのメディアに目を向けたように見えるのには、何か理由があったはずだ。

それは、「世界のメディア王」と称されるルパート・マードックとの関わりである。マードックは、メディア界でのM&Aを繰り返して、強大な力を手にするようになった。といっても、第3ステージでの話であり、もともと孫とは敵対しない。ちなみにビル・ゲイツとは「インターネット」部分で孫と競うのであり、それ以外のパソコン関連のソフトは先述の第3ステージである。つまり、孫との競合にはその部分ではなり得ない。

ゲイツを尊敬する孫は、ヤフーへの投資の際にもゲイツに連絡したという。しかし、ゲイツは自ら乗り出すことはなかった。第4ステージについては、そのくらいの認識でしかない。真に孫のライバルとなり得る人物は、まだ存在していない。おそらく、次代のデジタル情報サービスの雄が、孫のライバルとなるのであろう。

さて、マードックとの関わりというのは、「デジタル衛星放送」ということだ。来日していたマードックと孫が話し合った折、偶然デジタル衛星放送の話になった。もちろんこれは、先述の第4ステージの話である。

孫はぜひともマードックと組むのだと決めた。そこで、第3ステージの覇者であるマードックには、「テレビ朝日」の話を持ち出したのである。

孫は、基本理念を定めたら、それをストレートに実行していく。だから、この理念を理解したなら、孫ほど「わかりやすい」経営者はいないと言ってもよいだろう。これは世評とはまったく逆になってしまうが。

孫の基本理念、ビジネスでの方針は次の3つであった。

1　デジタル情報分野

2　ナンバー1になれる事業

3　インフラ提供の事業

繰り返すようにテレビ朝日の場合は、１に合致しない、ということは孫が仮に動いたとしても、「本気でない」というのがわかる。

現に孫は、「アナログのメディアにはまったく興味がない」と言っている。

もしも接点があったとしたら、当時デジタル衛星放送として打ち出していた「ＪスカイＢ」とのつながりだけであろう。もしくは、新たに第４ステージで雄飛するための一時的な「資本づくり」という意味合いだったかもしれない。

この件は、結局１９９７年３月に、買い値で朝日新聞社に売却されることで落ち着いた。孫はあくまでストレートに前進して、衛星放送においてはパーフェクトＴＶと組み、スカイパーフェクＴＶを起こした。

テレビ朝日に代わり、フジテレビ、ソニーといった「協力」が得られることになった。結果としては大いなるプラスであろう。

かつてのハワード・ヒューズのように、すべてを秘密主義にしてマスコミに登場しないというのではない。

孫正義はビジネスについて開示してくれている。繰り返し、自分の事業方針や生き方についいても知らせるように努力してくれている。

そこから何も学びとれないようなら、私たちのほうこそ努力が不足しているのではないか。

これほどストレートな生き方をする男は、むしろこの時代にあっては珍しい。

傍観者から主役へ

当然のことだが、「人生は有限」である。これは転生だとか、魂というレベルの話ではない。今この「生身」の肉体のある自分としての人生は、必ず終わりがあるということである。日常あまり意識しないし、考えたくないテーマであったとしても、それは避けられない。それなら、限りのある人生で「主役」がいいか、傍観者的な生き方がよいか、選択するのは私たち自身である。

孫正義は「他人から何か言われる」人生である。つまり「主役」を生きている。「あの役者よかったね」逆に「あれはうまくないよ」とほめられたり、けなされたりする。

決して孫自身が「あの人があんなこと言ったから役を降りる」などとは言い出せない。

私たちの多くは、自分の生き方そのものよりも、人から何か言われたくない。「あの人があんなことを言った」と他人を気にしながら生きている。

他人の眼を気にしすぎてはいないだろうか？　といっても、もちろん社会のルール、制約を破って勝手にやれというのではない。

この頃思うけれども、人間としての「覚者」、サトリというのはこの社会のルールとはまったく別の次元にある。が、社会人としてルールを守りながら生きていって、その中で心が覚者になる、サトリに向かうことはできないものだろうかと思う。

孫自身は自分の生き方を貫いて、理想の実現のためにストレートに進んでいっている。だから、人生の主役として、他人から言われるのが嫌で行動をセーブすることはまったくない。


「僕がいろいろなことを言われるのは意識してみていただいているということですから、ある意味では励みにもなりますし、またわれわれも反省すべき点がもしあるとすれば、率直に反省しなければいけない場合もある。いいときも悪いときもそうです」（『財界』１９９６年11月5日号より）

人生の主役であれば、他人の意見は内容がどうあれ、孫の言うように「意識して見ていただいている」ことになる。これは、ポジティブな物の見方ではないか。

確かに意識されず、何も言われないというのは「興味がない」のであり、注目に値しないことでさえある。

主役として人生を生き抜く決意をしたなら、必ず誰かが何かを言ってくる。

それは、私たちが真に自分を生きていることを証明するのだとしたら、人から何か言われることはありがたいことではないだろうか。

筆者も、研修の仕事をしていると、終了後に受講者からアンケートをいただく。幸い大半は好評であるが、中には批判的な人もいる。初めの頃はカッとするようなこともあったが、今はすべて「ありがたい」と思えるようになった。なぜなら、何の関心もなかったら、コメントも何もない。しかし、たとえ批判であっても言ってくれるのは、私について考えてくれたのである。孫の言うように「意識して見ていただいている」のである。

どうせなら、有限の人生を主役で生き抜こうではないか。何か言われることが感謝の対象になる。

第3章

自信(Confidence)

自分のビジョンに自信を持つ

孫とビル・ゲイツ

ある人は、「大言壮語」を勧める。周囲に公言してしまうともう後には引けなくなり、結果として潜在的な能力も発揮できるというのである。

別の人は、周囲に決して言ってはいけないと言う。運が逃げることもあるし、アイデアを盗まれたり、無用の口出しをされるからだという。

もちろん、これらは状況によって異なるだろう。しかし、状況がまったく同じでも「有言実行」したほうがいい人と、「不言実行」のほうが好ましい人がいる。結局、本人の性格次第と言えよう。

孫正義は「有言実行」が合うタイプである。だから、「デジタル情報革命の旗手になる」「ナンバー1になる！」と周囲にことあるごとに言う。「大ボラ」ととられたとしても、孫本人はヤル気を高め、ますます行動に拍車がかかっていく。

自分は孫のように周囲に公言したほうがさらに実力が発揮できる、と思えるのならどんどん「大ボラ」を吹いていこう。逆に、周囲に公言してしまうとヤル気がしぼんだり、過大なストレスを感じてしまうようなら、「不言実行」でいけばよい。

世の中の「成功者」や「成功法」を学んでいくときに、自分の「性格」「タイプ」に合わせることは、実行していく際に欠かせない条件になる。

孫は、マイクロソフトのビル・ゲイツと比較されることが多かった。

しかし、もちろん共通部分もあれば異なっている点もある。

発想、ビジョンのスケールでいくと、情報革命において、孫は先述の「第４ステージ」において、第３ステージが中心になるビル・ゲイツよりも発想は先を行っている。また、これは性格的なことでもあるが、発想のスケールは孫のほうが大きいというのが筆者の評価である。

もともとゲイツは、インターネットについては「情報ハイウェイ」というとらえ方であり、「コミュニケーション革命」としてとらえている。つまりは、パソコンの延長上であり、手紙や電話よりも進化したコミュニケーション手段ということである。これは確かに正しいのだが、私は孫の「ステージ」の考え方のほうが大きいと思う。過去から進化していく「今」を的確にとらえているのではないだろうか。

もちろん、２人に共通したところもある。

一つは、アイデアを出すのを楽しむところである。あるいは、スタートは「技術者」というか、純粋にパソコンが好きで、技術が身についていったところといってもよい。

ビル・ゲイツは初めてプログラムを書いたのが13才の時という。

環境が幸いして、私立のレイクサイドスクールの母親クラブが子供にコンピュータを自由に使わせるというアイデアを出したという。この生徒にコンピュータを与えるという幸運が、のちのビル・ゲイツを生んだのだと言ってよい。

そして、コンピュータは正しく命令したなら完全に作動するものである。これは、今でもビル・ゲイツを魅了するというから、性格的な点でも彼は本来「技術者」感覚の人なのであろう。当時、子供の頃のビル・ゲイツは、コンピュータに接していて「楽しく遊んでいただけ」だという。

孔子が『論語』で言う「之《これ》を知る者は之を好む者に如かず、之を好む者は之を楽しむ者に如かず」（あることを理解している人は、それを好きな人にはかなわない。あることを好きな人は、それを楽しんでいる人にはかなわない）である。

無理にコンピュータを学ばなくてはと「知識」のレベルで学んだのではない。好きでプログラムを作り、それを楽しみながら行なっていたのである。これは、ゲイツのコンピュータに限らず、何事であっても人生を楽しみ、上達していく秘訣である。

本来、人生の岐路に立たされたなら、「どちらが自分は心から楽しめるか」というのは、大きな尺度となるわけだ。

発想のスケールでは孫のほうが大きいと私は評価しているが、「利他」という観点からいくとゲイツは上をいっている。昨今は近づいてきたが、これは善し悪しではなくて、「個性」であろう。

先の第3ステージ、つまりデジタル情報の技術、ハードの分野での日本の雄の一人が、あの故・松下幸之助である。ただ、世の「成功法」を説く人々が必ず取りあげる松下も、この第４ステージの時代においては通用しない部分も出てくる。それはビル・ゲイツでも同じだ。

その松下の「すべての家庭に水道の水のように電気製品を」というのが有名な水道哲学である。

これは、自分の企業がどうこうという以前に、できるだけ多くギブする、与えていくという「利他の心」である。世の中への寄与ということが先に来ており、これは孫が自らの企業スケール拡大を追求するのとは方向が異なっている。私見では、60代の孫のテーマとして「利他」があるのだと思う。

そして、面白いことに10代のビル・ゲイツは「すべてのデスクとすべての家庭にコンピュータを」ということを理念としたのであった。つまり、この心は松下幸之助とピタリと重なっている。

この理念あればこそ、マイクロソフトは世界的なスケールに拡大成長できたと言える。

発明家としての天才的な発想、ヒラメキが孫にはあった。有名な「一日一発明」である。あのシャープが特許料を出した翻訳機も、10代の孫の発明ノートにあったものだ。つまり、家の仕送りに頼ることなく、自分で発明をして、実用化されるようにして収入を得よう、という孫の思いが現実化したのであった。

ただ、孫は「発明家」としての道を一途に追究するタイプではなかった。翻訳機や翻訳ソフトの特許料として「100万ドル」の元手を手にして、ユニソン・ワールドをアメリカに設立した。

帰国せずにゲームソフトの開発、ゲームマシンの輸出入ということでやっていったら、おそらくアメリカで孫は大成したはずだ。しかし、孫は「進化」していく。一つの小成《しようせい》に甘んじるタイプではない。また、一つの分野を究めてオシマイ、というのでもない。

アメリカでの「小成」は人に譲り、帰国して再スタートするのを決していとわないのであった。一生の伴侶を手にしたからでもあったろうが。

10代で才能を発揮し始めたこと、当時はパソコンに関わっていた点が孫とビル・ゲイツの共通点であろう。むしろ同じステージで共通点の多さから言ったら、日本のビル・ゲイツと言えるのは西和彦氏がふさわしいだろう。

年齢が同じ、大学を休学してパソコンに賭けていた点。第3ステージということで見たなら、両者の共通点は多い。マイクロソフトが独自に日本に子会社を設けた以降も、基本的に西氏が孫の言う第３ステージにおり、「パソコン道」を歩んでいる点においてはゲイツと共通しているのである。本書では西氏については詳述しないが、一時の浮沈みは別として、彼もまたビジネスの風雲児・革命家であるのは間違いない。若き才能がやがて以前に増したスケールで復活することを信じたい。

我が道を征く信念

ソフトバンクにはいく度となく「不安説」が流れたことがある。これは、孫正義の「発想や行動のスピード」についていけない周囲が、何度となく「流し」ているものである。当然、株価も一時的に下がったりする。「社債の償還が本当にできるのか」という疑問もマスコミから出る。当時パーティーに出席すると、誰かれとなく「がんばれよ」と励まされたりもしたのだという。

しかし、孫本人は、まったく心配していなかったという。なぜなら、情報革命の未来を信じていたからだという。

「情報革命というのは、30年とか50年で終わるものではないと思っています。３００年間くらいは、革命がまだどんどん加速していくと僕は思っています」(『日経プレミアシリーズ　カンブリア宮殿〔特別編〕　村上龍×孫正義』日本経済新聞社より)

いつの時代でも、孫には「絶対大丈夫」という不動の信念があった。つまり、自信があるので周囲の声に振り回されない。これは、なかなかできることではない。周囲の声に圧倒されて小さくなったり、自ら不安な心境になったり、中には逆に怒るような人も出てくる。それくらい、人は他人の眼を気にする。そうでなく、信念を持って我が道を堂々と進みたい。

余談ではあるが、筆者の数少ない英語の持ち歌の一つが、フランク・シナトラの唄った『マイウェイ』である。孫ほどマイウェイを貫く経営者は珍しい。

また、周囲の声に従ってばかりいると、こんなことにもなる。それは、有名なスーフィーの教えである。誰でも一度は聞いたことがあると思う。

老人と子供がロバを引きながら歩いていた。すると、人々がこう言う。

「ロバは乗るものなのに、ひいて歩いているよ」

そこで、子供がロバに乗って再び歩き出した。

「見てみなよ。老人を歩かせて子供が乗るなんて、おかしいね」

それを聞いた二人は入れ換わった。

「ほら、大人が乗って子供を歩かせるなんて可愛そうだよね」

困った二人は、仕方がないので一緒にロバに乗って動き出した。

「二人も乗るなんて、ロバは重くて大変だよね」

とうとう二人は、ロバをかついで歩き始めた。しかし、その重さに耐えられずに橋の上からロバもろとも二人は落ちてしまった。


いかがであろうか。周囲の人々の言うことを気にしすぎて、それに従ってばかりいると、この老人と子供のようなことになりはしないか。

もしも信念があれば、子供が一人で乗っていようが、老人が乗ろうが、何を言われても気にしないでいられる。

「そういう見方もあるんだな」というように、堂々とマイウェイを行けばよい。

孫のように、豊富な情報を得て、志・ビジョン、戦術という「3点セット」がそろったなら、何も恐れることはない。

「大丈夫、必ずナンバー1になれる」

孫正義は常に「ナンバー1」志向の経営者である。ソフトバンクが若い会社だと思っていても、経営者としてのキャリアはすでに30年。ベテランの経営者と言ってよい。

このナンバー1を目指す生き方は、孫の父の影響も少なくない。

というのは、孫の父は「大丈夫だよ、おまえは必ず一番になるから」と少年の頃から孫にことあるごとに言い聞かせていたからである。

孫自身は、学校の成績、テストというのは「一番」が多かったようだが、それでも二番、三番となることはある。

そのときにやはり父は言う。「お前は一番になるよ」と。

相手に示す関心、心へのタッチを「ストローク」と呼ぶ。30年も前に、カナダのエリック・バーン博士が提唱した考え方である。

人は心からの関心を示された時、つまりストロークを与えられたときには、まずやる気になり、安心感を覚える。

もちろん関心といっても批判したり、けなしたりするネガティブなストロークもある。しかし、それでも、何の関心も示されないゼロストロークの状態よりは、はるかにマシである。

昔から日本でも「村八分」が制裁の手段として取られた。これは「ゼロストローク」、つまり火事や葬式以外には会っても口もきかずに無視するわけだ。これが人間には一番こたえる。

別の言い方なら、人は「叱られる」うちが花である。何も言われなくなり、あきらめられたらオシマイであろう。

その点、父からポジティブなストロークで励まされ、「ナンバー1」と言われ続けてきた孫は幸せである。

子供の頃から言われ続けてきた言葉の力は、孫のその後の人生を変えていった。

部下のいるリーダーの立場にある人、子供のいる親、あるいは友人、知人に対しても「大丈夫」「うまくいくよ」「君ならできる」とポジティブなストロークを与え続けたい。必ず相手は変わってくる。

父からの励ましは、孫の性格を作るのにも大きくプラスに作用したはずだ。そして、どんなことをやり抜くときにも、「大丈夫、できる」と思えるように成長していった。

孫は日本人に帰化するときにも、アイデアで勝負してやりとげたというエピソードがある。「孫《そん》という名字の日本名は認められない」と、留学後にアメリカから帰国した孫は申請を却下されたという。

しかし、孫はあきらめない。まず、奥さんの名字を孫に改名させて、その上で孫姓の日本人という前例があるという事実を作り、帰化できたのである。

もともと孫自身には「国際人」というか、インターネットの時代にふさわしく「国籍」へのこだわりが強烈にあるとは思えない。また、帰化そのものにもこだわったのではないという。

ただ、自分が決めたことだから、何としてもやりとげようと集中して実現させたのである。

この点では、今の事業に対する姿勢と何ら変わりはない。

「自分にはできるのだ」という自信は、やはり幼少からの父から常に言い聞かされてきた「言葉の力」「ストローク」によるものが大きい。

ビジネスは発想が決め手

ビジネスにおける成否は、その「発想」が鍵になると言っても過言ではない。孫正義と他の経営者の違いは「発想」にある。それは、他が「できない」と思っても「できる」と発想できることである。

また、人が1のスケールでしか考えられないときに、10や100のサイズにまで大きく発想できる力でもある。

筆者は、「発想」をテーマに講演することがあり、その際によく、有名なオズボーンのチェックリストをもとに「半強制的」に発想してもらう。特に「頭の固くなった」年代の経営者には新鮮なようだ。

アレックス・オズボーン（1888～1966）はアメリカの広告代理店BBDO社の副社長であった。1930年代の後半に「ブレインストーミング」を創り出した。これは、集団で発想を出していくものだが、どんな奇抜なアイデアも「批判しない」というルールのもとに「数」「量」で勝負していく。

基本的には実行が簡単なので、各企業で導入されている。大きなルールは4つを厳守するだけで、あとは企業なりに「カラー」を加えて実施されている。

アイデアに対しての判断はひかえておくことと、数のアイデア、量がやがては質の変換にも通じるとされる。

４つのルールは、

１　批判しない
２　自由に
３　量を出す
４　組み合わせ改善

を守って、次々にアイデアを出していくものである。

そのオズボーンによる発想のチェックリストが９つある。参考までに挙げておこう。

1　Put to other uses?（他の用途を考える）
2　Adapts（応用を考える）
3　Modify?（修正してみたらどうか）

4　Magnify?（拡大してみたらどうか）
5　Minify?（縮小してみたらどうか）
6　Substitute?（代用してみてはどうか）
7　rearrange?（アレンジしなおしてはどうか）
8　Reverse?（逆にしたらどうか）
9　Combine?（組み合わせたらどうか）

この9つを、私は「拡縮加省換」と覚えやすく5つの漢字で表して、受講者にアイデアを出させている（拡大、縮小、追加、省いてみる、置き換えてみる）。

ここで、孫の「発想法」について見てみよう。

孫は、アメリカのカリフォルニア大学バークレー校留学時代に「一日一発明」という目標を立てた。この中の多国籍翻訳機がシャープに認められ、「100万ドル」を手にしたのは前述のとおりである。

そこで孫は、発明においては次の3つのパターンしかないことを「発見」した。オズボーンの発想チェックリストをさらに簡略化したものと言ってよい。また、これは孫自身の発明体験から生まれた実践的なものである。

発想は3パターンで決まる

以下の3つは、孫正義がアメリカ留学中に開業資金を得るために自らに課した「一日一発明を1年間続けること」を実現するために、試行錯誤の末に編み出した発想法である。

1　問題解決型

有名なエピソードに、「調味料の売上げを伸ばすにはどうしたらいいか？」という問題解決の発想がある。

一般には、マーケティングに力を入れる、営業力を強化する、研修で社員の意識改革をはかる組織の再編成……というように考えていく。

しかし、ある社員が「調味料のふりかけ口の大きさを大きくしたら？」と問題提起した。口を大きくした結果として消費量が増え、売上が増す、というわけだ。

あるいは、洗濯物につく毛玉とりのアイデアを出した主婦はすでに億を越える額を手にしたという。

いかにして問題を解決するかというアイデアを出すのは、発想の基本になる。

2　水平思考

たとえば、丸型を流線型にしたらどうか、四角ではどうか、と考えてみる。車のモデルチェンジも、エア・バッグをつけるとか、内装に手を入れる、チャイルドシート……というような「質的」なチェンジが中心ではない。

大きくは車のデザイン、形・色といった「水平思考」そのものである。

3　組み合わせ

一番わかりやすいのは、鉛筆と消しゴムを組み合わせたら、使いやすくなるのではないかといった形である。ラジオとカセットでラジカセになる。

逆に、私の言う「拡縮加省換」の省を使ったら、「聴く」だけの機能に限定して、録音を「省く」ことで成功したのが商品名がそのまま通用した「ウォークマン」である。

孫は以上の3つの中で、システム化に適するのが3番目の「組み合わせ」であると言う。システム化ができたなら、次々に発想が出てくると言う。

もっとも、私が孫から学べるなと思ったのは、実はこの3パターンの発想法そのものではない。

「一日一発明」のスローガンは、実は1つの発想を出すのに「5分間」と時間を自ら制約したのである。

アラームを用いて、5分間以内に一発想するように習慣づけたのだという。これはすごいことだ。

1年かけてゆっくりと発明するのではない。どんな中身であろうと、とにかく5分以内に一発明してしまう。

昔、プロレスで「60分一本勝負」というのがあった。もちろんエンターテインメントの部分もあるから観客を楽しませることが主眼である。それでも、3分間1ラウンドのボクシングと比較すると、そのスピードや技のキレはまったく異なる。60分の中で倒そうというのと、3分でKOしようというのでは、その戦いの密度が異なる。

人間の能力は潜在的には、思ったよりもはるかに大きなものがある。

孫の経営は「スピード違反」と称されたことも多くある。しかし、「1回5分」の中で発明を繰り返していたことからすれば、今の孫の「急激」「急速」に思えるビジネスの進め方も、おそらく本人には「あたりまえ」のスピードなのであろう。

「5分以内に業務改善のアイデアを出せ」

「今日の会議は5分にしましょう」

「5分以内に商品を売り込め」

等と発想して実行してみることは、決して不可能ではない。

孫に学べるのは、アクション、発想には「時間を切れ」ということである。しかも、何十分という枠ではない。

「5分以内に」また、場合によっては「3分」「1分」というのでも構わない。

筆者が人前でのスピーチを授業していても、「30秒」の自己紹介とか「1分半」のスピーチでも思っている以上に話せるものである。

孫は私たちに「分単位」でできることはもっとあることを教えてくれる。そして、持ち時間が短くなるほどに、集中力は高まる。

勉強熱心が成功の素

商工会議所で講演をすると、担当者の多くはこんな内容のことを口にする。

「来なくても大丈夫な経営者が（勉強会、講演に）来て、来ればいいのにという方は来ない」というのである。つまり、すでにビジネスがうまくいっていて、ことさらに学ばなくてもいいという企業、経営者がさらに勉強しに来る。

逆に「この人はもっと勉強して、ビジネスのやり方を考えなくてはいけない」という人が勉強に来ない傾向が強い。

別の言い方をしたなら、勉強熱心で、常に学びとることを忘れないから成功しているのである。勉強しない、学ばないから余計にビジネスが沈滞していってしまう。

では、はたして孫正義は勉強熱心か？

孫はいわゆる「会社勤め」の経験はなく、すでに留学時代から「起業家」であった。この辺はビル・ゲイツと一緒である。

ところが、日本へ戻って起業したが、細かな商習慣や社内コミュニケーションのとり方、あるいは大きな事業戦略、事業展開にしても「学ぶべきこと」は数多くあった。

この場合に「本を読む」ことと、「師を見出す」ことは欠かせないことだ。

もちろん孫は、経営に関わる本は次々に読破していった。名経営者の語録から、経営戦略、また研修の類にも積極的に参加していって吸収していった。先の例なら、勉強熱心な講師の話をいつでも最前列で聞き入るようなタイプである。

しかし、何といっても「本」よりも「人」そのものから学べたら言うことはない。それも歴史に名を残すような「名経営者」が師であれば最高であろう。

孫は故・本田宗一郎には2回、自宅に招かれたという。そして、孫の話すコンピュータの話に本田は少年のように目を輝かせて「次の時代はどうなるのか？」と孫に質問したという。一緒に夢を追いかけたい、と思わせるような人柄であったと。

故・松下幸之助には、直接の面識はなかった。が、「起業」しようと志を抱く者で、松下の本に目を通さない者はいない。

シャープの故・早川徳次の葬儀で、たまたま孫は松下幸之助の乗った車の座席を眺めるチャンスがあった。そこには新聞、雑誌が山積みになっていた。

孫はこう述べている。

「80歳をとうに超えていらっしゃいましたが、老いてなお失っていない勉強熱心さには驚かさ

れました」（『プレジデント』1997年8月号より）

また、幸之助の肉声による「経営百話」も、孫が繰り返し聴くところであった。

本田宗一郎や松下幸之助からは、孫は「間接的」に学んだと言ってよいだろう。が、「直接」に学んだ2人の師としては、故・盛田昭夫と稲盛和夫がいる。いずれも「名」とつく経営者なことは異論あるまい。本田や松下も言うまでもないが。

ソフトバンク設立前後、1980年頃である。孫は若手経営者として、勉強会に参加した。そこで「師」として請われやって来たのが、盛田昭夫と稲盛和夫であった。

そこで孫は積極性を発揮し、いつも最前列で聴講したのだという。

主に盛田からは「国際感覚」を、稲盛からは「日本的経営」を学びとったのである。「名経営者」を師として、実際にその「オーラ」に触れることのできた孫は、幸せである。

仮に孫が会社に入る従来の日本的システムの中で能力を発揮しようとしたとしても、おそらく現在の「ソフトバンク」はなかっただろう。

直接の上司にあたるのが「名経営者」であったことは、孫の現在の「成功」への大きな力となってきている。経営に限らず「師」のある人は人生が充実する。

孫の時代の流れをつかむ「眼」は、この頃からの「勉強熱心さ」からも来ている。真に学んだ者こそ「洞察力」を身につけられるのだ。
筆者の座右の書の一つに、安岡正篤師の『照心語録』がある。その中で、安岡師はこのように説いている。

「人はよく時世に便乗することを考えるが、しかし時世というものほどその変化の測り難いものはない。多くは便乗しようとして、戦後のいわゆる学者・文化人の変節のようなとんだ醜態を演ずる。時世を洞察するということは、よほど学問・修養を積んでおらぬとできぬものだ」
（安岡正篤著『照心語録』関西師友協会）

孫の学問は本物だ、ということだ。

孫の二乗の法則

慢性肝炎との闘病時代、孫正義の１９８３年から約3年半の読書量は４０００冊にのぼったということは先述した。その中で、『孫子の兵法』と巡り会った。

個人の場合は、たとえば宮本武蔵の「兵法」というが、集団の戦いの場合は「兵法」ということが多い。

『孫子』とビジネスを関連づけて、孫は自らの名と重ね合わせて「孫の二乗の法則」をつくりだした。

ブームになった「アルティメット」、つまりルールなしの究極の格闘技がある。その中でアメリカでの大会で2回優勝したのがホイス・グレーシーである。

グレーシーというのは、日本の柔術家・前田光世がブラジル人に伝え、さらに改良を重ねた武術である。

武術というのはスポーツとは異なり、楽しむものでなく、究極は相手を倒す（殺す）ものだ。だから、このノールール系の戦いでは、「決め技」、たとえばチョークスリーパーのように相手の喉をしめて意識を失わせる「柔術」の技がある。

そのホイス・グレーシーが「自分より10倍も強い」と言ってから有名になったのが、ヒクソン・グレーシーである。「400戦無敗」と言い、体格的にはジュニア・ヘビー級だが、猛者を次々と倒していく。

私見では、ヒクソンの強さはその相手への「密着度」にあるが、ここでは詳しく触れない。

何が言いたいかというと、この強者ヒクソンは、世評の一つとして「本当に強い相手と戦っていない」ということがある。つまり、「勝つとわかっている」相手としかやらないというわけだ。だから、無敵でいられると。

実はこの戦い方というのは、「孫子の兵法」の中核をなすと言ってもよい。

それはたとえば、「勝兵《しょうへい》は先《ま》ず勝ちて而《しか》る後に戦い」である。

つまり、戦う前に、すでに勝敗は決している。

すでに敗れている敵に勝つ態勢にあるから、まったく危なげないのである。

これは先のヒクソン・グレーシーの戦いを見ていてもわかる。

「其の勝を惜く所、己に敗るる者に勝てばなり」である。

あるいは「勝ち易さに勝つ」のである。

だから、世間で言う企業なら、「強大」「弱小」という常識では判断できない。「態勢」「状況」が異なったなら、今川義元を破った織田信長のように、10倍の兵力の敵にさえ勝つことが可能だ。

『孫子』の中で最も知られているのは「兵は詭道《きどう》なり」であろう。

「詭」というのは、イメージとしては敵をだますとか、権謀術数で陥れるというような「正攻法」ではない戦い方である。だから、名乗りをあげて一騎討ちで正面から戦っていた日本の戦法からいくと、「ズルい」「ダマシ討ち」ととらえられて評判はよくなかった。

しかし、「詭」というのは、正面からまともに戦わずに、時にゲリラ的に、時に謀略、情報戦を仕掛けたりする、いわゆる「弱者の戦略」でもある。

だから、多くのベンチャーのように、初めは資本もコネも信用も何もないビジネスには活用できる兵法である。

先のアルティメットのように、実際の戦いはノールールである。ビジネスも多くの規制が取れていくと、基本はノールールに近い。もちろん人の行なうビジネスだから、「倫理」は存在する。

いわば、「フェアに、ノールールで」が理想であろう。ビル・ゲイツの言う「摩擦のない資本主義」に近い。

そんな中では、「情報」の重要性を説く『孫子』を学ぶことは必須のものと言えよう。

情報は力なり、と言える。

「敵の情を知らざる者は、不仁の至りなり」（『孫子』用間篇）

『孫の二乗の法則』

道天地将法
頂情略七闘
一流攻守群
智信仁勇厳
風林火山海

孫がビジネスで迷ったとき、必ず自らの手によるこの25文字に立ち返るという。いわば孫のバイブル的な指南役にもなっている。

相撲では、調子の落ちた力士がいると、親方はもっと「四股を踏め」とハッパをかける。「四股、鉄砲、すり足」というのは基本中の基本だからだ。一番強い横綱が一番基本の稽古をする。野球でも、どんな名選手であってもランニングやキャッチボール、柔軟体操といった基本は欠かさない。

「孫の二乗の法則」

道	天	地	将	法
頂	情	略	七	闘
一	流	攻	守	群
智	信	仁	勇	厳
風	林	火	山	海

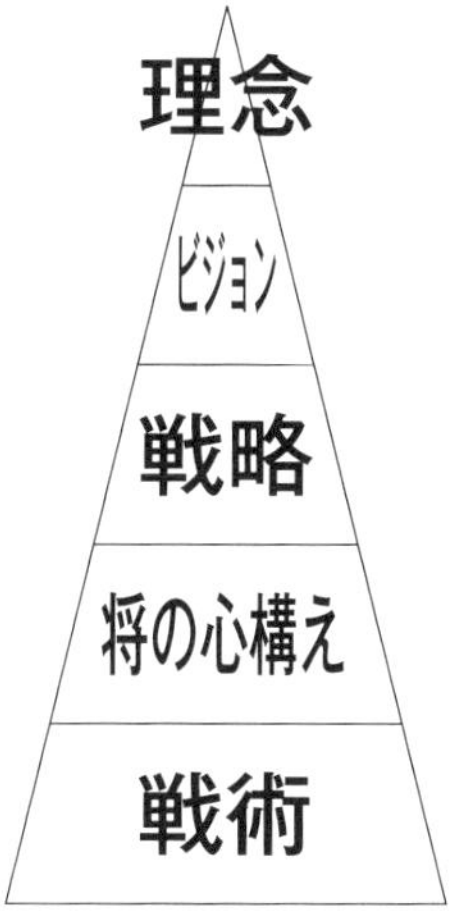

孫にとって、この「孫の二乗の法則」は、ビジネスの基本のあり方を示すものであろう。

2010年7月、孫は自らの後継者発掘・育成のために設立した「ソフトバンクアカデミア」においても、この「孫の二乗の法則」について自ら講義を行った。

以下、簡単に、私見も交えて、見ていきたい。

(1)道天地将法(理念)

『孫子』では、この「道天地将法」は「軍事」における5つの基本を土台として説いている。これを現在のビジネスに置き換えると、以下のとおりとなる。
道――部下、消費者に対して、経営者に賛同し、共感させていく「内政」のあり方。これは経営の「理念」と言ってよいだろう。ソフトバンクで言えば、「デジタル情報革命で人々を幸せにする」が該当する。
天――天の時、タイミングを指す。孫は長い人類の歴史の中で自分たちがデジタル情報革命の時代に生れついたことを絶好の機会ととらえるべきだとする。
地――地の利を指す。孫は今後インターネットビジネスが爆発的に拡大するアジアで自分たちがビジネスを行っていることをチャンスだとし、前述の「天の時」と合わせて「地の利」を得ている以上、果敢にチャレンジすべきだとする。

将――リーダーの能力、カリスマ性も含めての「器量」である。器量とは、ただの「知識ある者」でなく、人格、体験から出た「見識」がなくてはならない。さらには、決断してやりとげるという「胆識」の持ち主が理想である。

法――組織、システムを運営していく上での基本的なルール、仕組みである。この辺は、孫が最も明らかにしている所であり、対外的なビジネス上のもの、あるいは社内でのものも含めて、確立している。

たとえば、ソフトバンク内での「法」経営手法として知られているのが次の５つである。

1　チームごとの独立採算制
2　日次決算
3　インセンティブ制
4　一万本ノック
5　パソコンの徹底活用

この５つの経営手法は、先の日本の「名経営者」の思想を取り入れて孫が開発したものでもあるし、アメリカ式も含まれている。

(2)「頂情略七闘」(ビジョン)

『孫子』にはない、孫正義のオリジナルである。これは後述の「智」の説明にあたるという。

頂——高所からバードビュー、全体展望してみることである。武田信玄が幼い頃、家臣がヒバリをとっていたのを見た。少年の信玄は、小高い丘に家臣を連れて行き指差した。「ここからなら、ヒバリの巣が丸見えだ。場所を覚えておいて巣ごとつかまえたらよい」。まさに高所から見るという例であろう。「頂」で全体展望しておいて、次に細かく情報収集していく。

情——「頂」を裏づける情報を徹底的に収集していくことである。

略——「情」で集めた情報をもとに「戦略」を立てることである。孫は、「戦略とは、あれもこれもやるというのではなく、選択肢を徹底的に洗い出して、削ぎ落とし、一つに絞り込まれたもの」と述べる。

七——「7割以上の勝算があれば勝負すべし」ということだ。孫は、デジタル情報革命においては、「9割方勝てる」と思ってからのアクションでは遅すぎると言う。「7割」勝てると踏んだら、即アクションに移していく。この「7」が、孫のビジネスをして「スピード違反」と言わしめるゆえんであろう。多くの経営者はますます慎重になる傾向にある。なり過ぎてしまって勝ちを逃してしまっている。

闘――とはそのまま「闘い」を指す。孫はきれいごとは言わない。「智」というのは闘いに勝つのを前提としたものだ、と言うのである。

（3）「一流攻守群」（戦略）

これも『孫子』にはない、孫正義のオリジナルである。

一――孫の好む「ナンバー1主義」を指す。これは、各界の「プロ」ならすべて骨身にしみてわかっているものである。たとえば、オリンピックでは、金メダルという「ナンバー1」こそが値千金であり、「ナンバー2」である銀とでは天と地ほどの差がある。

流――「時代の流れ」を指す。孫は、これから本流となるところで戦うべきであり、斜陽となるところで戦ってはいけないと述べる。

攻――文字どおり「攻撃」を指す。孫は攻撃は最大の防御であり、企業は徹底的に磨かなくてはならない、リーダーであればあらゆる分野で誰にも負けない攻撃力を持つべきだと述べる。

守――文字どおり「守りの部分」を指す。孫はベンチャーにありがちな「攻め」には強いが「守り」には弱いというのを戒めたものであると述べる。最年長のヘビー級チャンピオンとして、幅広いファンを得たジョージ・フォアマンも、20代の頃は「攻め」オンリーの選手だった。そのため、「守り」にも強いモハメッド・アリにザイールのキンシャサでKO負けした。どんなハード・パンチャーでも「守り」が弱くては真のチャンピオンになれない。

群――リスクの分散の意味も含めて、グループでの戦略を取っておくという意味である。ビジネスのラインも一つでなくて複数にする。この「群戦略」は、ソフトバンクのビジネスの非常に特徴的な部分である。

(4)智信仁勇厳(心構え)

これは『孫子』にあるもので、先の「道天地将法」の行にある「将」、すなわちリーダーに不可欠の能力を5つ挙げたものである。

智――ただの知識ではない。深く物事を見抜き、洞察していくリーダーとしての知恵である。

信――部下に対して信頼される力がなくてはいけない。リーダーの人間的側面(ヒューマンファクター)がものをいう。

仁――部下への思いやり、仁愛である。いかに部下と共感できるか。共に笑い、涙するようなリーダーになれるだろうか。

勇――勇気である。周囲が何を言ってきても、たとえ妨害があろうとも、断固としてやり抜く勇気である。勇気ある経営者の一人が孫である。これは信念の兄弟分でもある。中村天風師によると、人生に欠かせないのは力と勇気と信念である。

厳――ルールを守らせる厳格さである。「泣いて馬謖《ばしょく》を斬る」の故事のようにルールを破ったなら厳罰に処するぐらいの気構えがリーダーには必要である。本来の「厳」からは外れるが、自分に厳しいのがリーダーと言ってもよいだろう。

（5）風林火山海（戦術）

風林火山は『孫子』にあり、武田信玄が旗印に採用したことでも有名である。甲斐国（山梨県）に「鎖国的」にいた信玄は、日本よりむしろ海外に滞在するのが多いぐらいの孫とは重ならないかもしれないが、その「孫子流」の戦い方では共通している。

筆者は、「戦い方」に限定すれば、孫のビジネスは信長流よりもむしろ「信玄流」であろうと思う。

風林火山は、軍事行動のあり方を説いたものである。

其疾如**風**　其の疾《はや》きこと**風**の如く（動くときは風のようにスピーディーに）
其徐如**林**　其の徐《しず》かなること**林**の如く（水面下で交渉するときは林のように静かに）
侵掠如**火**　侵掠《しんりゃく》すること**火**の如く（攻撃するときは火のように激しく）
不動如**山**　動かざること**山**の如く（守るときは山のように微動だにしない）

この後に、孫は自作の「**海**」をつけ加えた。「海」とは、戦った後に「平定」する作業の意味であるという。焼け野原のままではまた動乱が始まるので、深く広い海のような状態にして、初めて勝利したことになるのだ、と孫は言う。

第4章

リーダー(Leader)

将の将たる気概を持つ

常識を打ち破る

孫正義が創業以来、30年間にわたり、「常識打破」してきたことはよく知られている。

たとえば、企業サイドが銀行を判断、採点して企業が銀行を選んでいくという「コアバンク制」。これに関わり、一つに絞り込んで銀行との取引をしない。メインバンクを持たない、というのも特質である。

また、資金調達法として、エクイティファイナンスを積極的に打ち出す。

これら常識破りの経営は、実は孫のソフトバンクに「実力」がなくてはとても通用するものではない。

仮に「証券会社VS銀行」という大きな対立の中で、「メインバンクを持たない」という方向に向かったとしよう。現に、コムデックス買収時にはメインバンクの興銀（当時）が中心の「銀行団協調融資」によって、530億円もの調達が成った。しかし、それが逆にソフトバンクの自由でスケールの大きい活動の「枠」になった。

そこで、孫は金融面での当時の知恵袋である北尾吉孝氏（現SBIホールディングス代表取締役）のアイデアもあり、メインバンクを切ったのである。

そして、５００億円もの無担保普通社債を発行した。これとても、「ソフトバンクはいらない」との判断が資本家、株式側にあったら売れないはずだ。しかし、このエクイティファイナンス方式によって、ソフトバンクはピンチを脱出し、M&Aで急成長していくのである。

店頭公開したばかりのソフトバンクの社債が「５００億円売れた」のは、それだけの支持者がいたということである。「支持者」には様々な意味があるが、いずれにしてもあらゆる意味での「実力」がなくては実現しなかったことは間違いない。

ここで言いたいのは、「常識の打破」にあたっては、実行する側に「実力」がなくては不可能ということである。机上の空論でない以上は、実力をつけることこそ急務となる。

常識の打破は、マネジメントにも表われている。これもすでに孫がマスコミで繰り返して発表しているので、ご存知の方も多いだろう。

その手法は、主に5つある。これは「アメリカ式」というのではなくて、その根底には企業にかける情熱とか志、理念など、先述したような日本の名経営者の思想が根底にある。

1　チームごとの独立採算制

2　日次決算

3　インセンティブ制

4　一万本ノック
5　パソコンの徹底活用

が5つの柱である。これも、内容が「進化」していく点がすばらしい。

1　チームごとの独立採算制

従来のピラミッド型ではなくて、10人サイズのチームを作って独立採算制を取る。孫は「WEB型組織」と名づけて、そのサイズに関わりなく本部のコントロールはとらない、進化した企業の集合体でグループを作っていくという考えである。

「権限の分散」というのが主眼になる。チームが基本単位になって動いていく。

2　日次決算

チームのメンバーごとに、日々の経常利益、売上げを算出していく。その日のうちに「結果」が出せる仕組みである。

これも、5「パソコン活用」なくしては、難しいだろう。

月次や年次で決算はしても、なかなか「日次」では出さないものである。しかし、先述したように時間のリミットが短いほどに人は集中力を増し、真剣になれる。

3　インセンティブ制

インセンティブ（報賞）制は、アメとムチのアメにあたる。

しかし、２つ注意したいことがある。それは、次第にエスカレートしていく傾向がある点だ。わかりやすく言うと、子供が国語のテストで１００点を取った。親は「よし、おこづかいあげよう」、次に算数で１００点。「えらいね、またあげよう」……繰り返していくうちに、子供はおこづかいをもらうのが当たり前になってしまう。

別の日に、「社会で１００点だった」と言ったものの、何ももらえなかったとしよう。子供は、「今日は何ももらえないの」と不満に思ったりする、あるいは「ケチだな」と攻撃的になったりしてしまう。

これは大人であっても、心理的には同様な形になる可能性がある。

インセンティブの回数や大きさには細心の注意が必要であろう。

孫の与えるインセンティブは、ソフトバンク株を時には年俸以上与えるのだという。もちろん、成績優秀なリーダーに対してである。

だから、40代の「億万長者」というのは珍しくないという。

注意して与えたなら、インセンティブは部下のモチベーション向上の大きな力になる。

4　一万本ノック

ユニークな名称であるが、孫が闘病中に出したアイデアの一つである。

驚くことに、孫が用意している「経営指標」は1万種もあるという。売上高や経常利益といった経営分析のよりどころである。

あらゆる角度から眺められるために、孫のみならず経営リーダーは大いに参考にすることが可能となる。

5　パソコンの徹底活用

これらの例えば「日次決算」にしても、「一万本ノック」にしても、パソコンあればこそのテクニックであろう。

大きな会社になると、「社長決裁」を求めて、社内に列ができたりすることもある。

すでに孫は1994年から「メール決裁」を導入しており、社内ネットワークが早い時期にすでに構築されていた。

デジタル情報革命の旗手であるから、パソコン、インターネットは自社で十分に使いこなす必要がある。

すでに１９９７年の時点で、孫は実際に１日あたり約１００通のｅメールを受けていたという。

いまだに日本の経営幹部の中には、パソコンは「技術者」のやることであり、自分は大所高所に立つのだからパソコンを扱えなくても構わない、という意識がある。

ここは、孫も嘆く点である。まずリーダーから意識改革する必要があるのだ。

リーダーは夢を持つ責務がある

リーダーは夢を語ることによって、部下の心を動かすものである。決して細かなルールで制約したり、お説教することでは人は心を動かされない。

他でも紹介したことがあるが、渋沢栄一の手によるという「夢七訓」をここで紹介する。渋沢は右手に『論語』、左手にはソロバンというように、人としての道、道徳、倫理といった精神面とビジネスとのバランスを重視した。

だから、どちらかというと、ビジネスに傾いた岩崎弥太郎がパートナーになろうと言い出した明治の半ば、渋沢はこれを断っている。基本的には「公共性」と「独占」という『論語』とソロバンの間で、ソロバンに傾いた岩崎に「ノー」と言ったのである。

今の方向で突き進むと、孫正義には「独占」の方向に傾きすぎる可能性もある。かつてのビル・ゲイツのように、この方向は大きな反発に遭わざるを得ない。

孫はかつて、１９９９年６月15日、米ナスダックを運営するＮＡＳＤ（全米証券業者協会）の日本進出発表の会見で、渋沢栄一を「尊敬する」とスピーチしたことがある。

証券取引所、証券市場というのは、「公」であり、企業は「私」という考え方は根強い。

だから、孫がナスダックジャパンを開設するのは矛盾であるという声は確かに多かった。
しかし、筆者は、次の「夢七訓」のような、志、ビジョンを持った名経営者として、また、「公共性」という人の道、『論語』から学びとれるような生き方から渋沢を「尊敬」するという言葉を孫は出したのだと信じたい。

「夢七訓」

1　夢なき者は理想なし
2　理想なき者は信念なし
3　信念なき者は計画なし
4　計画なき者は実行なし
5　実行なき者は成果なし
6　成果なき者は幸福なし
7　ゆえに幸福を求むる者は夢なかるべからず

長所に目を向ける発想

筆者は中村天風、安岡正篤、相田みつををはじめとして、「人物」をテーマに書くことが多い。人物研究は筆者のライフワークの一つである。中でも、「知られざる偉能、偉才」を好んでとりあげている。

著名な「偉人」は誰もが知っており、またすでに立派な方の人物論も多いものだ。しかし、実力はあるが世間に評価されていなかったり、知られていない人物もいる。その部分を広く知らしめていくのが筆者の使命だと感じている。

この時に、筆者は基本的にその人物の「長所」に目を向けることに決めている。

おわかりのように、長所と短所はコインの裏表のようなもので、この2つは決して別のものではない。

たとえば、織田信長の長所の一つは即断即決にある。このコインの裏は何かと言うと、短気である、ということになる。

逆に慎重という長所には、優柔不断という裏の面がある。

これは人物ばかりでなく、企業を見る場合でも同様のことが言える。

だから、ヤフーという会社の「赤字」を知ったら、普通の人は「儲かっていないんだな」というコインの裏に目がいく。

しかし、孫正義は、インターネットの検索ビジネスは「ヒットする」と将来性を見た。すると「必ず大成長、大躍進する」と表、つまり長所が見えたのである。また、長所に目をつけたと言ってよい。

この発想は、実は一朝一夕にして身につくものではない。しかし、意識して行なうようにしたなら、やがては必ず「習い性」となり、知らないうちに「コインの表」が見えるようになっていく。

仮に上司から仕事の細かい点で叱られたとしよう。

「自分を伸ばそうと思って叱ってくれている」というのは、いわゆる「プラス発想」である。

ここで長所を見つける見方というのは、上司そのものに対して行なうものである。だから、プラス発想とは少々異なる。確かにプラスに物事を眺めるのであるが、「細かいことまでいちいちウルサイ人だ」という短所に目を向けない。

「小さなことにまで気がつく人なんだ」と、長所に目を向けることである。

これを習慣化するには、はじめは口に出して「長所」を言ってみるとよい。

商品の「デザインが変わっていてよくない」というのではなくて、「ユニークなデザインだ」という具合になる。

かつて、評論家の故・大宅壮一は、出版社の要望に合わせて「右」からでも「左」からでも書き分けることをしたという。つまり、物事には色々な見方があり、必ず長所と短所を見出すことは可能ということにもなる。

同じ商品でも、「値段が高すぎる」と言ったら短所となるが、「高価な」と言えば、長所の響きとなるだろう。

大切なのは、私たちの物の「見方」にある。孫から学べるのは「長所を見る」才能を磨け、ということだ。人の批判ばかりするような人は、逆に考えて「コインの表」側に目を向けてみよう。今度は人を誉めてばかりの喜ばれる人に変身できる。

孫はどうやら、子供の頃からポジティブに生きてきたようだ。「落ち込む」ことのほとんどない、得なタイプであろう。

繰り返すが、ポジティブになるのは習慣である。考え方の「クセ」にしかすぎない。だから自分はネガティブだと悲しむことはない。

「本質的には性格が楽観的なんだと思います。いろいろな問題が起きますよね。そのときはその問題点に対して一生懸命取り組んでいるんですけれど、翌朝起きたらけろっと忘れているこ

とが多いんです。小さいときからポジティブに生きてきましたね」（『財界』１９９９年３月30日号より）

そして、自分の性格を「客観的」につかんでいることも孫の強味である。なかなかこうはいかない。自分を知ること、自分を省みる「自反」は、古来実力者の条件である。

事業はわが生命なり

ビル・ゲイツはかつて成功の秘訣を尋ねられたとき、次の2つを成功者の条件として挙げた。

1　大きなビジョン

2　起業家精神

これはまた、孫正義も同様に強調していることでもあった。

孫は、「理念→ビジョン→戦略」とそろったときに成功できるのだと言う。

ゲイツは「逆発想」できる人間である。昔から日本でも投資の格言に「人の征く裏に道あり花の山」というものがある。

多くの人は、ビジョンは小さいのにかかわらず大きなビジネスを目指すので失敗してしまうという。だから、ゲイツは初めに大きなビジョンを抱く。次に大きなビジネスに向かうから成功できるという。これが、世界のOSシェア8割をウィンドウズで獲得し、資産5兆円を築くもとになる発想である。

次にゲイツが挙げているのが、「事業を純粋に愛する」ということである。ビジネスを楽しみ、没頭できたなら成功できるというわけだ。

孫は、松下電器産業（現パナソニック）の松下幸之助や本田技研工業の本田宗一郎、ソニーの盛田昭夫、京セラの稲盛和夫といった名経営者に対して、「人生のすべてを会社にささげて」いるように見えると評している。これは、孫自身もそうだったということだ。つまり、ゲイツの言うように事業を愛する、という境地にいる。

「もし、自分の会社に危機が訪れたら、一瞬の躊躇もなく、腕の一本や二本、差し出すでしょう。私も同じように、会社は、自分の子供のような、自分自身の魂が宿っている存在なんです」（『プレジデント』１９９７年8月号より）

ここまでいくと、一種の宗教的な香りさえ漂ってくる。そのくらいに一途にビジネスに打ち込むということだ。これが成功者の条件である。

時間活用で「タイム・イズ・ライフ」、時は生命なりという。

同様に、ゲイツや孫の境地に至るのには、どうやら「ビジネス・イズ・ライフ」、ビジネスは生命なり、ということになる。

たとえ上手は説得上手

孫正義のカリスマ性を高めている要因の一つに、その説得力がある。

説得上手になるためには、たとえば数字を用いるのも一つである。故・田中角栄がコンピュータ付きブルドーザーと言われ、その頭脳と行動力で学歴のハンデをものともせずに宰相になった理由の一つでもあった。

あるいは、夢を語り、ビジョンを口にして周囲のモチベーションを高めていくというのも強味であろう。

ここでもう一つ、「たとえ上手」が挙げられる。

昔の宗教家は、民衆のレベルに合わせて、難しいことは言わなかった。「たとえ話」で人々を感化していった。

GEのジャック・ウェルチ会長（当時）が、大企業病を称して、ぬるま湯から出れずにゆであがってしまう「ユデガエルシンドローム」とたとえた。

たとえは、話の内容をよりわかりやすく相手に伝え、説得力を高めてくれるものだ。

では、孫はどのようなたとえを用いているだろうか？

例の有名な「一丁二丁（一兆二兆）」という創業時からの目標も、わかりやすいたとえであろう。

インターネット5段活用
1段目……インターネットのハード、インフラを扱う企業
2段目……インターネットのアクセスを扱う企業
3段目……インターネットのソフトを扱う企業
4段目……インターネットのサービスを扱う会社
5段目……インターネットのコンテンツを扱う会社

そして、この「段」が上がっていくごとに、ビジネスとしては儲かっていくというのである。インターネットそのものがつかみにくいと思ったら、この孫の5段活用で全体展望したら、理解しやすくなるはずだ。

○桃太郎とリーダーシップ

【事業の理念】

鬼退治に行く（村人の幸せのために）

【ビジョン】
東の山に鬼がいる。
鬼を退治して金銀財宝を手にする。
村人に分け与える。

【戦術】
犬はかみつく
猿はひっかく
雉は突っつく

【インセンティブ】
鬼退治したら金銀財宝を動物たちにも分ける
まず吉備団子を与える

これも、孫の語り口で桃太郎の話と重ねてされたなら、とてもわかりやすいビジネスのあり方として伝わってくるだろう。

あるいはこの他にも、何百年というスパンで、たとえ孫正義の生身の肉体が滅しても、その後に受け継がれていく企業理念やマネジメント手法等を「ＤＮＡ」にたとえることもしている。また、宝島に行くのには、とにかく地図とコンパスさえあればよいというのも一つのたとえであろう。

カリフォルニア大学バークレー校時代の勉強については、運転中も風呂の中でも、部屋に帰ってもずっと教科書を手放さなかったという。それを「二宮尊徳に勝った」などという言い方で表現してもいる。

あるいはつくりあげたグラフを「一万本ノック」というのも、野球の「千本ノック」から取っている。

必ずしもすべてが孫のオリジナルというわけではないだろうが、「アイデアにネーミング」をすることによって、相手に強い印象を与えているのは確かである。

「説得上手はたとえるのがうまい」と言える。だからこそ孫の話を聞く人は、納得してしまうのであろう。究極は相手が自らそう考えたなら、無理に説得する必要はない。

スーパーで買うと３００円のビールが、銀座の店で飲むと１万円したとしても、客が自分で納得したならそれでビジネスは成立する。

ポイントは、いかに相手を納得させるかである。孫は自らの経験の中で、「納得させる話法」を身につけている。「たとえ」以外にも、孫は相手の心を動かすだけの話の「名手」であろう。

テレビ朝日株の買収のときに、孫はテレビ朝日側の役員に会ったという。

そして、買収金額を口にして、その高額なことに驚く役員の前で、「それだけの価値がある」という意味のことを口にしたという。自分の所属する組織を褒められて、悪い気持ちになる人はいないだろう。

人を動かす「話法」という面で、さらに孫から学べるのではないか。なぜ、孫には説得力があるのか、調べていく価値がある。

事業家魂を持つ

１９９７年、全国法人２４８万社のうち実に5分の1強の50万社が倒産した。時代はバブルが崩壊して、「縮小」、ダウンサイジングがブームになり、「リストラ」は珍しいことではなくなった。

そんな時代の１９９４年7月22日、ソフトバンクは株式を店頭公開したのである。

さらにバブルならいざしらず、敷地面積９６０坪、しかも地上3階建て地下1階の豪邸を孫正義は麻布に建てた。プールやゴルフ場付きの、海外の来客を招いたり、商談するにも最適な建築だという。

どうしてここまでいけたか、しかもそんな時代に。

その一つの解答は、孫が「事業家魂」を持っていたことにある。これはアントレプレナー精神、創業者魂、起業家魂と言ってもよいだろう。創造し、社会に貢献し、利益はその結果にすぎない。そして、その利益から創造を繰り返していくのである。

孫の心意気は次の言葉からもうかがえる。

「現代、今の日本の実業界には、新たな産業を興し、仕事のやり方に革命を起こすことが必要だろう。不遜ながら、私がその一翼を担っていければと思う」（『プレジデント臨時増刊』1997年3月号より）

このように自信を持って断定し、正面からストレートに発言していくところが孫のファンを引きつけるところであろう。

しかし、中にはこのような孫を心よく思わない者もいて、「大ボラ」と決めつけるのである。

孫正義は、現代ビジネス界における「踏み絵」なのだと言われる。つまり、孫正義を評価するかしないか、認めるのかどうかでその人のビジネス観がわかってしまう。

本書のスタンスは、もちろん孫正義を肯定しているのだが、何もそれは「ビジネス手法」といった狭義のことではない。

「人間・孫正義」を肯定する立場に立つのである。

「たった一回しかない人生を痛快に生きてみたい」

という孫の言葉に、筆者は強く心を動かされたのである。

「高杉晋作さんの言葉で、『おもしろきこともなき世をおもしろく』というのがありますね。

やっぱり『おもしろくない』と思えば、この世ほど味気ないものはないと思うんですよ。でも『自分がおもしろい世の中にしていくんだ！』と思えば、おもしろい人生は歩めると思うんです」（『プレジデント』２０１１年3月7日号茂木健一郎氏との対談より）

筆者は孫とほとんど同年代なのだけれども、はっきり言うと「純粋な心」、少年のようなピュアな心を持ち続けている人物に好感を持つ。孫の少年のような純粋な心、ここに筆者は魅力を感じる。

7つのアクションをとってみる

2010年6月25日に「ソフトバンク新30年ビジョン発表会」が行われた。その席で孫正義は「これまでの私の人生の中で最も大切なスピーチ」「私の現役時代最後の、30年に一度の大ボラだ」と称し、30年後の2040年にソフトバンクの時価総額をその時点の約100倍にあたる200兆円に拡大して世界のトップ10入りすること、およびグループ企業数を現在の800社から5000社に増やすこと、世界中の人々に最も必要とされる企業を目指すことを宣言した。

また、同時に孫は、これらの目標を「大ボラだが、本気でやるつもりの大ボラだ。情報革命を通じて人々を幸せにしたい。これは30年後も300年後も変わらない」と語った。

21世紀は、孫のような型破りで、志を大きく持った人物が望まれる。

あたかも明治維新の志士のように生きるために、次の7つのアクションを今日からとってみてはどうだろう。次のものは孫の生き方をヒントに考えてみたものだ。その7つとは、

1　志を持つ

2　即行動の人となる
3　大ボラを吹く
4　ポイントを3つにまとめる
5　起業家になる
6　全体展望のクセをつける
7　スマイルを忘れない

である。
以下、順に説明していこう。

1　志を持つ

筆者は『志の論理』（日本教文社）を著わしたときに、志の条件を挙げた。それは、
①長期に渡る
②利他、無私の内容
の2点であった。

たとえば、末月営業成績トップになる、というのは短期目標ではあっても志とは言わない。

それは、「長期」に渡っていないからだ。

極端に言うと、一生を賭けるくらいのスパンで持つのが「志」である。

孫の言う「理念」というのがこれにあたる。

次の条件は「無私」である。

これも他でよく言うのだが、吉田松陰は「志なき者は無志（虫）だ」と言った。そこから筆者は、「志ある者は無私だ」と言っている。つまり、志というのは利己的なものであってはならない。

だから、「自分のために」何かをするのは志でない、と初めの頃は考えていた。

ところが、たとえば野球のイチロー選手が、自分の成績を上げるために一生懸命にトレーニングして、試合で活躍したとしよう。これは「自分のために」だから、「無私」にはあたらない。

しかし、彼のプレーを見ることによって、野球少年が勇気づけられたり、多くのファンが楽しんだり、ストレスが吹き飛んだりする人がいたなら、これは「利他」ということになる。

つまり、無私でなかったとしても、結果として「利他」となったならば、わかりやすく言うと「人のため」になれば、そこで立てた目標は「志」となるのではないか。

今はそう考えている。だから、必ずしも「自分のため」だけに何かをしている人が、志がない、とは言い切れない。

それはあたかも小乗仏教と大乗仏教のようなものである。自分のために修行して、結果としては社会のため、人のために通じていく。

もう一方ははじめから「世のため、人のため」を志して修行していく。

極端に言うと、長期に渡って時間をかけて実現していくような「大きな夢」であったなら、それは志になる。

そして、仮にスタート時は「自分だけのため」であったとしても、やがては周囲に影響力を持ち、「利他的」なものへと質が向上する。

わかりやすく先のイチローの例で言うと、はじめは自分がうまくなるために行なった素振りが結果として「人のため」になってきている。

一途に一つのことに集中して実践していったなら、そのこと自体が「利己的」なことであっても、やがては「利他的」なことへと質が変わる。

2　即行動の人となる

「そのうち病」にかかっている人は多い。何でも先延ばしにする癖である。「そのうちやろう」と思っても、もう5年も10年もやれていないことが、あなたにはないだろうか？　筆者もいくつか「先延ばし」にしてしまっていることがある。

先述したように、孫はパソコン誌の出版を思い立ったときに、一日のうちにトーハンと日販の担当者を紹介してもらい、口座を開いてもらうという離れ業を行なった。孫は決して、「そのうちに、口座を開いてもらおう」とはしなかった。

その場で決断し、すぐに行動する。つまりは即断即決であり、それを即行動へと移していく。「アメリカへ行こう」と決めたら、即行動に移してしまう。

「この企業を買収しよう」と決めたら、すぐに行動に移していくのである。何もしないでチャンスを逃すよりも、何かを行なった上で失敗したほうがはるかにましである。

私たちは、即行動の人となるべきだ。引き延ばす理由など何もない。

本書を読んだら、「即」電話したり、人に会いに行ったり、今まで先延ばしにしていたことを実行してみよう。行動して、やってみたなら何でもないことは多い。「もっと早くすればよかった」という後悔ほど残念なものはない。

3　大ボラを吹く

ここでいう大ボラは、いい格好をしようとか、虚勢を張ってのホラではない。

自分にとっては本当に思えることであり、不動の自信があることが孫から学ぶ「大ボラ」の条件になる。

たとえば、独立して創業した時点で、すでに孫は「兆」のつく単位のビジネスをすると「大ボラ」を吹いた。

傍から見て、「何の根拠もない」とか、「ムリに決まっている」というように、現状とかけ離れるほどに「ホラ」は大きくなる。

この場合にボラの内容を自分が信じていないときには、ただのボラか、あらかじめだまそうとしているのである。

しかし、「大ボラ」は違う。少なくとも自分はその実現に何の疑いも持っていない。そんな大ボラを吹きまくろう。

4　ポイントを3つにまとめる

孫のインタビュー記事を読むと、いつも感心させられる。なぜなら、話がとてもよくまとまっているからだ。

話の要点を先述のたとえなど用いながら適確にまとめていく。

中に「3つのポイントは」とか、「3つの条件を課します」というように、要点を3つにまとめた言い方をよく用いている。

これは、7つとか、14個などでなく、「3つ」が話し手にとっても、聞き手にとっても、覚えやすく理解しやすい数になる。

聞き手としては、「3つのポイント……」と言われると、「この人は話の内容をよくつかんでいるな」とか「頭の良い人だな」といった印象を持つものである。

筆者がスピーチの教室で教えるときに、この「ポイントは3つあります。1つ目は……。2つめは……」という話法を教えている。孫が用いているのと同じである。

慣れてきたら、3つ思い浮かばなかったり、準備していないときでもとにかく「そのポイントは3つですね」「大切な点が3つあります」と初めに口にしてしまおう。すると、否が応でも3つ考えなくてはならず、頭のトレーニングになる。

5　起業家になる

起業してみる、と言っても何も大きな資本を準備したり、大々的に事務所を借りるようなことではない。「スモール・オフィス、ホーム・オフィス」という「SOHO」のレベルで構わない。

孫自身、ビル・ゲイツと同じく会社勤めをしないで、いきなり起業家になった。この自分が「創業する」というのは、実際にやってみないと、苦しさやつらさも、その楽しさも、実感できないものである。

「やってみた人でないとわからないこと」というのは、ビジネス以外でも多い。そして、少なくとも孫のビジネスについて何か言いたいのなら、自分で「起業」してみて感触をつかんでみないと、見当外れになりかねない。

筆者自身も「何年」という単位での会社勤めの経験がない。あえて言えば、自分自身の能力を商品として、ビジネスをしてきた。だから、ほんの少しだけれども、辛さ、苦しさ、また楽しさというものを味わうことができている。

大小に関わらずビジネスを始める。それだけでも、わかってくることがある。

この辺の「評論」と実践の違いについて、孫はゴルフでたとえたことがある。

テレビの画面で、「ここは、もっとこうしたほうがいい」と言うのは簡単だ。しかし、実際にゴルフ場に出てみると、風が吹いていたり、観衆の声が聞こえたり、暑さ寒さもあったり、「肌で感じる」ことは多くある。しかし、対岸から眺めていたのでは、その辺の雰囲気はつかめないのである。

もちろん、孫自身は対岸の人でなく、実際にプレーする人のほうである。

6　全体展望のクセをつける

この時代に、経営者に話を聞いてみる。すると、とにかく「まずこの1カ月」を乗り切ること、というような答えが返ってくることは多くあるはずだ。目の前の手形を落とすほうが、10年先のビジネスを語るよりも大切、というわけだ。

世の中はバランスが大切だから、目先のこと、「今日何をなすべきか」と同時に10年先、20年先を見通す目も欠かせない。

特に、ビジネスの成否はいかに「先を読むか」で勝敗が決まってしまうものだ。

これは、「ビジネスだけ」で行なおうと思ってもムリがある。普段から物事の一点ばかりでなく、「全体展望」するクセをつけたい。

全体と一部、一部と全体を眺めて常にバランスをとっていく。時間的には、何十年先と今、バランスを取ろう。

7　スマイルを忘れない

人間関係学の大家であったデール・カーネギーは、コミュニケーションをよくするのに最も効果的で、しかも1ドルもかからない「スマイル」を勧めていた。笑顔ひとつで、どれほど相手がホッとして、最高な関係が築けるであろう。

ナポレオンの言葉に、「第一印象は二度つくれない」というものがある。人との出会いで、「この人はいい人」と思われるのにスマイルほど効果的なものはないだろう。

人の笑顔は、「あなたを信頼します」というメッセージ効果がある。人の感情の80％は表情で伝わるというデータがあるくらい、表情は大きなメッセージ手段である。

マスコミに出ている孫の顔写真は、その大半が「スマイル」一杯である。成功者に最も似合う表情、それは笑顔だ。いつでも忘れずに、人と会うときはスマイルを忘れないことだ。

第5章

成功（Success）

自分だけの成功の道を歩む

ライバルを持つ

モチベーションを高めるために、昔から「ライバル」と「師」を持つことの重要性は説かれている。

まず、ライバルから考えてみる。

よく言うのは、たとえばピッチャーとバッターが「宿命のライバル」などといって騒がれる。しかし、厳密には「バッター同士」や「ピッチャー同士」というのがライバルとなるのではないか。

なぜなら、比較ができるからだ。打率や打点、ホームランの数で比較して、「奴に負けてなるものか」とヤル気になる。これは同じバッター同士だからできることである。また、数字を入れての比較が可能だ。

あるいは、ボクサー同士が同じウエイトで戦うというのもライバルである。「戦う」からライバルではなくて、「同一の分野で戦う」からライバルとなる。

極端な例だが、フランス料理の名人と松下幸之助がライバルにならないのはおわかりであろう。分野が異なっているからだ。

また、同じ経営者であっても「異業種」ではなかなか差異が多くて、ライバルとは言い切れないだろう。

ビル・ゲイツがインターネットに参入し、孫正義がビジネスをインターネットに特化している「今」、マイクロソフトがただの「パソコン屋」であったなら、たとえ世界的なスケールになったとしても孫のライバルと言えない。

孫のよく用いる「時価総額」のみで言ったら、まだゲイツは「目標」であって、ライバルではない。しかし、本当に数年先に、少なくとも金額の面では両者はライバルとなることであろう。これは決して孫を過大評価しているわけでもなく、むしろ控え目に見ているくらいである。

筆者の20代の趣味は「自分を向上させること」であり、「修行」がキーワードであった。「向上心」ということで言うと、同年代の孫が、あくなき向上心でビジネスを成長させていくことには脱帽している。

むしろ孫は「ライバル」という考え方ではなくて、「師」を「名経営者」に求めて、あとは「ナンバー1」のみを目指して突き進んでいるのかもしれない。

安岡正篤師は、帝王学の一番初めに「原理原則を教えてもらう師を持つこと」を挙げていた。

ここでいう原理原則というのは、たとえ時代が変わったとしても、決して変わらない、変えてはならない建物の土台に当たる。

たとえば、人間関係なら、「相手の立場に立つ」ということは100％できなくても努力しなくてはいけない。これは、昔も今も変わらない。

あるいは、2500年も前に生まれた「孫子の兵法」が、インターネットの時代に十分適用しているのである。現に、孫自身も活用して成功しているわけだ。なぜなら、『孫子』には「原理原則」が説かれているからである。

戦国武将から「学ぶ」と言うと、当時の残忍さ、人を人とも思わない「殺戮」などを見て、「学ぶことはない」と言う人もいる。

確かに何百年も前の道徳観や価値観等は現代と大きく異なることも多くある。

しかし、それでも、織田信長から孫が学びとったように、見方によっては「学ぶ」ところはある。これもまた、「原理原則」的なところである。

孫にとっては先述の、松下幸之助、本田宗一郎、盛田昭夫、稲盛和夫といった名経営者が師であったと言ってよい。孫は「思想」という言い方をしているが、それは「原理原則」に他ならない。

原理原則を教えてもらう「師」を持つのが帝王学の一番目。

ちなみに二番目と三番目は次のものである。

「直言してくれる側近を持つ」

「よき幕賓を持つこと」

幕賓というのは、「アドバイザー役」である。側近が「社内」なら、こちらは「社外」と思ったらよい。

孫のアドバイザー役として有名なのは、何と言っても、かつてＣＦＯとしてソフトバンクの投資事業を取り仕切っていた北尾吉孝氏であろう。野村証券時代にソフトバンクの株式公開を担当した際に金融のスペシャリストとしての腕前を孫に見込まれてスカウトされた。ニューヨークで５年働いていた経験が１９９９年のナスダックジャパン設立に大きな役割を果たしたことは言うまでもない。現在は、独立してＳＢＩホールディングスのＣＥＯとして辣腕をふるっているが、孫とは引き続き良好な関係にあるという。

最近では、「ユニクロ」で知られるファーストリテイリング会長兼社長の柳井正氏が孫のアドバイザーとして知られる。柳井氏は２００１年からソフトバンクの社外取締役を務めている。「デジタル情報革命」を推進する孫と、「アパレル」というリアルビジネスを手がける柳井氏とでは、一見接点がないように思えるが、実はソフトバンクとファーストリテイリングはともに１９９４年７月に株式公開を果たしており、「同期生」として孫も柳井氏も親近感を抱いていたという。

柳井氏いわく、「経営者としての孫さんは、非常に志が高いけれども、側で見ているとちょっと脇が甘いところがある（笑）。そこで、孫さんが失敗しないように、同じ時期に上場した者として役に立てれば、と思ったわけです」（井上篤夫著『志高く　孫正義正伝　完全版』実業之日本社文庫より）という。

柳井氏といえば、自他ともに「冷静、慎重」というイメージが強い。しかし、ソフトバンクにとって大きな転換点となったボーダフォン買収時、買収額の落とし所を探って逡巡していた孫に対し、柳井氏は「買えなかったときのリスクを考えろ！」と手打ちを主張し、孫の尻を叩き、買収を急がせたという。このときの柳井のアドバイスを孫は「柳井さんは攻めの急所がわかっている」と高く評価しているという。

ほかには、「ベンチャー三銃士」として、孫とともにマスコミに並んで取り上げられることの多いパソナの南部靖之氏やエイチ・アイ・エスの澤田秀雄氏もある意味「アドバイザー役」であろう。

あるいは孫の創業以前からの恩人とも言えるアドバイザー役も多くいる。

つまり、孫は帝王学を自分流で実践してきているわけだ。

孫が「先生」と呼ぶというシャープの佐々木正氏。

あるいは、Jスカイ B の発表をした頃、アメリカ出張時に偶然出会ったという京セラの稲盛和夫氏。創業時代に勉強会で稲盛を講師として呼んだことは先述した。空港では、「急ぎすぎるな」という意味のアドバイスを受けたという。

小学生の頃、「木登り名人」の話を教科書で読んだ。出典は『徒然草』である。

木登り名人が弟子に、訓練の意味で高い樹に登らせた。

しかし、どんどん高く登っているときには、名人は黙って弟子を見守っていた。何も口をはさまなかった。ところが、あと数メートルで地上に着くというときになって「気をつけなさい」と名人は弟子に言った。

「なぜ名人は弟子が高い所にいるときに声をかけなかったのでしょう？　なぜ低い所に来て、注意したのでしょう？」

と教科書にあったのを、今でも思い出す。

高い所なら、誰でも細心の注意を払う。しかし、低い所に来ると安心してミスをしがちである。気のゆるみが恐い。

孫に注意すべき点が、もしもあるとしたら、それは「気のゆるみ」のような、緊張がゆるんだときのミスだけであろうか。

他にも、人脈づくりのうえで大きな力になった朝日新聞の川島正英氏。出版ビジネスに入りたての頃、アドバイザーとなってくれた田辺聰氏……。

孫にとっての「パーソナル・アドバイザー」であり、すでに故人となった恩人をしのぶ日として、「大恩人の日」という特別な休日がソフトバンクにはあるという。

孫は、自分を育ててくれたアドバイザーたちのありがたみを知っている。この辺の「恩」だとか、人を「敬」するような感覚というのは、孫のＤＮＡの中にある儒教的な部分かもしれない、と言ったら言いすぎであろうか。

安岡正篤師の言う帝王学の３つの柱として、

1　原理原則を教えてくれる師を持つ
2　直言してくれる側近を持つ
3　よき幕賓を持つ

を孫にあてはめて考えてみた。

ここに「ライバルを持つこと」を加えてみたらどうだろう。

もっとも、かつてはアスキー創業者の西和彦氏が孫のライバルとして挙げられたが、その後、事業家としての評価は明暗が分かれたようである。また、同世代にあたるビル・ゲイツやスティーブ・ジョブズがともに経営の第一線から退いた現在、ソフトバンクの個々の事業に対するライバル企業はあっても、経営者としての孫自身のライバルと言える存在は見当たらない。

運命の主人公になる　立命《りつめい》

孫正義の生き方を見ていると、私は志とか信念、勇気、あるいは「立命」ということを思う。東洋哲学の「コア」となる部分として、安岡正篤師が挙げていることがある。

「人と生まれた以上、本当に自分を究尽し、修練すれば、何十億人も人間がいようが人相はみな違っているように、他人にない性質と能力を必ず持っている。それをうまく開発すれば、誰でもそれを発揮することができる」（安岡正篤著『知命と立命』プレジデント社）

それが「立命の学」であると安岡師は言う。ちなみに筆者は中村天風、安岡正篤といった私淑している先生方には、亡くなっていても「師」をつけさせていただいている。

大切なことは「自分を究める」ということである。自分の可能性を追究し、自分の物事に対しての反応、考え方等をじっと見つめてみる。自分の内部を深く掘り下げていってみると、まさにそこにこそ「金脈」がある。

あるいは、潜在能力を発揮していくことも自分を究めることに通じてくる。すると、「世の中を一変するくらいなんでもない」とさえ安岡師は断言している。

欠けているのは、真剣さである。真剣に自分を究明していくという心の姿勢こそ大切であろう。

孫の好きな坂本龍馬は、いわゆる「脱藩」した人間である。当時は今の「大学」にあたるような藩学があった。幕末維新の頃である。

しかし、「志士」と呼ばれ、革命をなしたような人物は藩学で学んだのではなかった。自分で学び、自らの信念のもとに革命を成し遂げていったのである。

筆者の言いたいのは、孫正義は自らの信念のもとに、今まさに日本のみならず世界に革命を起こしつつあるということだ。といっても当然「武力」ではない。

革命というのは、「命」を革《あらた》めるということであり、「創造」と同義である。

そして、創造、革命をしていくためには、まず自分自身を知るという東洋哲学の「原理原則」に忠実にあるべきだ。

孫を見ると、拡大路線であり、「ナンバー1」を目指すエネルギッシュな行動力があり、外にばかり目を向けていると思いがちである。

しかし、安岡師の言葉からもわかるように、これだけの「革命的」なことのできる人物であるからには、必ず「内」に向かって自分を知ることを行なっているものだ。

自分の性格、適性、能力といったことを十分に熟知した上で外に向かって行動をしていっている。自分を知りつくすこと、究めていくための努力を惜しんではならない。その努力はやがて、創造へとつながる。

維新の志士は剣や禅の修業に励んだ。それは、物事に動じないような「腹」を鍛えるような理由だけではない。剣も禅も、その究極に至ったなら、それは「自己を究める」「自己を知る」ための手段であるからだ。

自分を究めない人間が、ただの形だけ孫をマネたところで、行きつくところはたかが知れている。

孫はただ時代を見抜いただけでなく、自己を知る達人でもある。

信念の人　孫正義

孫正義を形容するのに、様々な言い方がなされてきた。

上昇思考の人だとか、頭の良さを言われたり、時にはヤマ師などと言われるケースもある。

しかし、筆者は孫正義を「信念の人」だと感じている。

よほどの信念がないと、あれだけの大言とそれに伴う実績を残していくことはできない。それも、ただの積極思考というのではなくて、誰に何を言われたとしても、決して揺るがない強い信念の持ち主である。

頭の良さも上昇思考も、この信念があって初めて生きてくるものだ。

中村天風師は、信念のない人生というのは、コンパスなしで長い航海に出ていくのと同様だと説いた。つまり、右や左にフラフラしてみたり、グルグルと旋回してみたりして、なかなか目的地にたどり着くことができない。

やがては燃料切れで、ただ大海を漂うことにさえなりかねない。

コンパスがあったら、常に進むべき方向がわかっているから、波が荒れようとも風が吹こうと、まっしぐらに目的地に向かっていくことができる。

もちろん、信念だけで何もかもうまくいくとは言わない。しかし逆に、信念がなかったら、ほとんど大きな目標は達成できないものである。

もしも孫に信念がなかったら、とっくの昔にビジネスをあきらめていたに違いない。また、国内の小成に甘んじて、現在のソフトバンクもなかっただろう。

「人生を幸福にするには、富も経験も、理智も計画も、その他必要なものが多々あるに違いない。しかし、そのいずれも、信念がなければ、理想通りに完全に結実しないのである」

（中村天風著『真理のひびき』講談社）

しかも、「今日だけ」信念の人でいればよいのではない。

一生、常にどんなときにも、不動の信念を持ち続けるのである。

天風師も指摘しているが、信念の大切なことはわかっていても、それを持ち続けることのできる人は少ないのである。

私たちは「あきらめ」てしまいがちだし、「まあ、いいかな」と妥協しがちである。この両方共、断ち切っていく必要がある。そうでないと、不動の信念を養っていけない。

「M＆Aは大金が必要だから、やっぱりやめておこう」とあきらめたら、孫の夢は叶うはずがなかった。

「もうこの辺でいいか」と妥協してしまったら、今後の孫の成長はない。

孫は、成長することをやめない。

青天井、「スカイ・イズ・ザ・リミット」である。限界がないという意味だ。

まだ「宇宙一」というような異星人とのコンタクトやビジネスが一般にはない。だから、とりあえずの限界としては「世界一」であろう。そこまでは、何としてでも行き着くはずだ。

世界一のインターネット財閥、企業グループが不動の座を占めるまで。

古いビジネスのあり方が「有視界飛行」だとすると、孫は「超計器飛行」をしているという。

ただの経営分析で行なう経営はセスナ機のような「計器飛行」。

そして、「超」は、あたかもコンピュータを駆使したジャンボジェットやコンコルドのような経営である。さらには、スペースシャトルで宇宙へ行くような「シャトル経営」であるという。

その辺がスラスラと出てくるあたりが孫の頭の良さであり、限界を知らずに成長を続けていける基であろう。

一事が万事、孫は自らのビジネスを常に成長させ、信念のもとに変革を行っている。

勇気を与える経営者のリーダー

たとえば、「鉄鋼王」と称されたアンドリュー・カーネギーは、病院、大学、図書館等を設立して、富を「社会還元」することを実践した。わかりやすく言うと、本人一人や家族では何十回生まれ変わったとしても、使い切れないほどの財産を手にしたということだ。

あるいは、アメリカのミリオネア、もしくは20世紀最大の富豪と言えば、ジョン・D・ロックフェラーである。ロックフェラーもまた、莫大な額の社会還元をしている。国立公園を寄贈するようなスケールの大きなものである。

これらはいわば「直接的」な社会還元と言えよう。わかりやすく言うと、「世のため、人のために」与えるということだ。

世の中は「ギブ・アンド・テイク」、富というのは社会から、多くの人から「テイク」したものである。だから、社会還元という名の「ギブ」をしていくのである。

ビル・ゲイツも財団を作り、積極的な社会還元を実践している。

一方、孫正義自身はどちらかというと、各界の「プロ」のような間接的に与えるタイプに近い。

つまり、孫がベンチャーで成功しているのを見た他の創業者が、「よし、自分もやってやろう！」という勇気を持つ。

先述した野球選手が自分のためにプレーしたとしても、「自分もやってみよう」と少年に夢を与えたり、プレーを観た人に勇気を与えたり、楽しませたりする。これを「間接的」な社会還元と考えるわけだ。

たとえば、２００６年にボーダフォン日本法人を買収し、携帯電話事業に本格参入を果たしたとき、２兆円という途方もない買収金額に対し、ほとんどの人が「今度という今度はソフトバンクも危ない」「失敗するに決まっている」という危惧を抱いたはずだ。しかし、その後の顛末は誰もが知るところである。「ホワイトプラン」と呼ばれる大胆な料金プラン、犬を使ったユニークなＣＭ戦略などで瞬く間にユーザーの純増数は毎月１位となるようになった。ベンチャーの旗手であったソフトバンクがＮＴＴやＫＤＤＩの牙城を切り崩したという事実は、多くのベンチャー経営者に勇気を与えたはずである。

このようにこれら経営者に「勇気」という無形のものを与えているのが、孫正義の「社会還元」になっている。

カーネギーやロックフェラーのように、「有形」の社会還元をするのも成功者の責務である。自然エネルギー財団設立やソフトバンクアカデミア開校などはその端緒だが、孫が仮に「孫大学」「孫病院」「孫図書館」のような活動を本格的にしていくのは、おそらく5年後くらいからではないか。それまでは、孫自身が成功していくことで、経営者は力づけられる。

筆者自身は自分の仕事を、ちょっとオーバーに言えば「社会教育家」だと考えている。

ただ、ビジネスに限らず「○○家」とレッテルをつけてしまうと、自分の活動に自ら枠をつくってしまう面がある。それにふさわしくない、と慣習的に思われるような行動ができにくくなる。だから、あえて言うと、というようにとらえてほしい。

社会教育家は、もちろん「情報伝達」的な側面もある。しかし、大きな責務は「モチベーター」であること。つまり、研修を受けたり、講演を聴いた人が「よし、自分もやってみよう！」と発奮してくれるのが理想である。

その意味からすると、ベンチャーをはじめとして経営者に勇気や夢を与える孫は、「社会教育」を実践しているとも言えよう。

ここに、筆者が弱気になったり、ビジネスで辛い思いをしたときに励まされる中村天風師の「勇気の誦句」をご紹介しよう。

繰り返し唱えると、身体の内奥から勇気が湧き上がってくる。

天風師の教えを学ぶ人の中で、特に飛び込みの営業のようなストレス、プレッシャーの多い人は「力の誦句」に合わせて、この「勇気の誦句」を愛唱するケースが多いようだ。

孫正義は、懸命にビジネスに打ち込んで成長していくのを多くの人に見せることで、「勇気」を与えている。

あなた自身、はたして周囲に勇気を与える人であるだろうか？

勇気の誦句

自分はこの世に作られたものの中で、一番優秀な霊長と言われる人間ではないか。しかも人間の心の力は、勇気というものでその圧力を高めるのが、人の生命に与えられた宇宙真理である。だから今日からの自分は、如何なる場合にも断然勇気を失うことなく、特に自己の本能や感情の中で、自他の人生を泥ぬるが如き価値なき低劣な情念が発生したら、それに立派に打ち克ち得る強い心を作るために、大いに勇気を換発することに努めよう。そうだ終始一貫　勇気勇気で押し切るのだ。（『天風誦句集（一）』財団法人天風会）

行動なくして成功なし

先日、研修をしていたら、受講者の方からこんな話を聞いた。

その人は、すでに一線から引いていたが、若い時期に金融機関で働いていた人である。

「昔は、とにかく熱意を行動で示さないと、認めてもらえませんでした」と言う。

その人が新入社員時代、顧客開拓で口座開設のために、飛び込みで営業をしていた。しかし、連日多くの金融機関が訪れてくるため、「大口」になりそうな顧客は、どこにするか決めかねていたという。

そこで、「行動力」だけしか頼りにならないと思ったので、毎日何回も通ったという。そして、留守であろうが構わずにとにかく名刺に手紙をつけて置いていったという。

優に100回を越えた頃、未来の顧客から電話があった。

「君が一番熱心だよ。君の名刺ね、100枚を越えたよ。その熱心さがあれば、きっとこちらのこともよく考えてくれると思ってね」と、今の金額にすれば何十億円もの取引きに応じてくれたという。預金してくれたのである。

営業なら昔から、「用がなくても通え」と言われる。これは、「知識」としては知られていることだ。

しかし、「知っている」というのは、そのまま「やる」ということではない。

私の好きなベンジャミン・フランクリンの言葉に、

「knowledge on action is power」

というものがある。つまり、知識は行動したときに本当の力になるものだ。

孫正義が『孫子』と並んで内容が同質として挙げているのが「ランチェスターの法則」である。

その中に、武器が同等であれば、戦果というのは兵力の数の二乗に比例するというものがあるということは前述した。

これもビジネスに応用すると、よく言われるのは「兵力数」を「訪問回数」にたとえるものである。

だから、結果として数多く訪問すると、より大きな成果につながる。それも「二乗的に」である。だから「名刺１００枚」置いてくる行動というのは、大きな成果に通じておかしくないわけだ。

孫は、ソフトバンク創業後に大病した中で「ランチェスターの法則」には本格的に取り組んだようである。

しかし、もともと孫には「行動力」があった。思い立ったら行動に移していくのは、昔から若い時期からの孫の流儀であったと言ってよい。

『ユダヤの商法』でも知られる日本マクドナルド創業者の故・藤田田《ふじたでん》は、まだ十代の少年の孫に会った。

孫少年は藤田の著書を読み、ぜひ会いたいと訪ねて来たのである。

一回、二回……。受付は飛び込みで来た少年に対して断わり続けた。それでも毎日やって来る。孫少年は、九州からはるばる「藤田田氏に必ず会う」という信念のもとにやって来たのである。

孫のこのような行動力を、孫をただ批判するような方々は忘れている。孫という人間はただ要領よく、頭だけで上手に世間を渡るようなタイプの人間ではない。

形容するとしたなら、「行動の人」というのがふさわしい。

七度目の訪問で、藤田は孫少年と会うことを決めたという。藤田自身、「アイデア」と「行動力」の人であり、孫の「若き行動力」に対して、好意を抱いたのであろう。

このときの藤田からのアドバイスに「コンピュータ」があったという。どんなビジネスがいいと思うかと問われ、時代の先を読み、藤田はそう言ったという。

もちろん、藤田の一言だけで決断したのではないにせよ、孫のビジネスにおいて、藤田のアドバイスは大きかった。その藤田の著書は「アメリカ留学」時に、孫少年のカバンに入っていたというエピソードも残る。当時の「座右の書」の1冊となっていたわけだ。

「成年」になっても、孫の行動力というのはまったく変わらない。一度決めたなら、即行動に移す。

テキサス州のダラスに、孫は単身乗り込んだ。1991年、合併会社設立のために、ロス・ペローを訪ねたときのことだ。

ロス・ペローは翌1992年には大統領候補者にもなった大物である。

そして、合併にあたっては、日本でビジネスする会社だから日本にあなたより多くいる私がリーダーシップを取るとペローに言い渡したという。

あるいは、バークレーに在学中、孫はゲームセンタービルの買収を「決めた」。そして、オーナーのもとに単身乗り込んで「いくらなら売るか」と談判したという。

いきなりの訪問で「ノー」という返事だったので、孫は「金額」の問題だと思い、再びドルを手に、大金をたたきつけるようにして「買収」した。若き孫の初めてのM&Aであった。これも、孫の「行動力」を表わしたエピソードであろう。

「名経営者」の多くのエピソードは、その経営者がかなり長じてから言われることも多いものだ。

しかし、孫の場合、若くして数多くの「武勇伝」「エピソード」の類は多い。

これは、一つの理由として孫の行動力によるものだ。行動の人であるから、当然エピソードや伝説がすでに多くあるわけだ。

この行動というのは、多くの打算あってのものではない。やむにやまれない、何としてもという「会いたい」とか「よしやろう」という強力な想いが原動力になっている。

行動は「打算」でなくて、「志」によって行なわれるべきものである。

私は、達磨大師の話を思い出す。

セイロンから中国へと布教にやって来た達磨大師に、熱心な信者であった武帝が尋ねる。

「即位以来、私は寺を建て僧の数も増やした。これだけのことをしたのだから、何の功徳があるのか？」

これに対して達磨大師の答えはそっけない。「無功徳」と。何の功徳もありませんよ、と言うのである。

功徳を期待して行なったのでは本当の「布施」にはならない。心からの信心で行なうのであるなら、見返りを第一に行動すべきではないということだ。

すでに少年の頃からの志から来る「行動の人」であった孫の思いと行動がペアになった〝行動力〟には見習いたい。多くの人は良いと思っても行動しないからである。

わかりやすく言えば、「トイレはきれいなほうがいい」と思ったら、即掃除を始めるという行動力である。「いい点を取りたい」と思ったら、すぐ勉強を始めるという行動力である。昔の海軍では「ビルジを舐めよ」という教えがあったという。ビルジというのは船の底部にたまった油や汚水のことを言う。

指揮官というのは高所から物を言うだけでふんぞりかえっていてはいけない。自らエンジンにも手を触れ、ビルジで汚れようとも細部に至るまでチェックしろ、というわけだ。これも「行動力」の大切さを説いている。

細部にわたる気配りも、結局は行動によって決まる。

いいなと思ったら、即実行することが、成功するために欠かせない。

大企業病にかからない

「大企業病」という言葉がある。最近では大企業自体も、先行きが必ずしも安泰と言えないから、以前ほどは聞かれなくなった。しかし、「自分一人がやらなくても、何とかうまくいくだろう」といった意味での歯車意識は、人間の成長にはつながらないだろう。

孫正義は、「自分一人が能力を出さなくても、他の人がやるだろう。何とかなっていくさ」という甘え、大企業病の原因について次のように語っている。

「結局、社員が自分のことを『歯車』だと感じてしまうことでしょう。全体の中のワン・オブ・ゼムだから、一人くらい頑張らなくても会社は倒産しないし、どんなに頑張ってもたかが知れていると悟ってしまう。だから、当り障りのない仲良しクラブになるんです。危険も冒したくないし、人間関係もギスギスしたくないから、自分の個を発揮しないで丸くなっていく」（『ＴＨＥ21』１９９９年7月号より）

それを防ぐのに、さすがに孫は発想が違う。つまり、大企業にしなければいい、というのである。そうすれば、大企業病になろうにもなれないわけだ。

形としては、いわゆる「のれん分け」してしまうのである。事業会社ごとに、独立して権限をもたせる。しかも，その独立体は、相互に関連しあうというシステムをつくっていく。

『ソフトバンクは、単一のブランドや組織、技術、ビジネスモデルで同じ事業を継続する一般的な大企業と異なり、すべてマルチ（全方位型）で考えています。そして、グループの内外を問わず、志を同じくするウェブ型組織同士が連携しながら、情報革命に向かってまい進していく。そんなイメージなのです』（『週刊ダイヤモンド』２０１０年7月24日号より）

「出資比率についても、『51％以上持って初めて自分の会社だ』という思いを持たない。『１００％子会社なら自分の会社、そうでなかったら自分の会社じゃない』という意識は持たない。20％から40％ぐらいの資本提携による、同志的結合の集団を作りたい」（『ソフトバンク新30年ビジョン』ソフトバンククリエイティブより）

恐竜は図体の大きさによって滅んだが、昆虫のような小さい生き物が生き延びた例を思い起こさせる。

「大企業病」というのは、ただ大企業にいる人のみ「発病」するわけではない。

たとえ「中小企業」であったとしても、「まあいいか」「このぐらいやっておけば何とかなるだろう」といった、そこそこにやっておけばいいなどという発想をしたら、すべて「大企業病」にかかっていると言ってよい。

根本的には、その「甘え」を断たなくてはいけない。

「幸い」なことに、今の日本は甘えていられる状況でなくなりつつある。

孫のナスダック・ジャパン構想は、幕末のペリーの「黒船」来航にたとえられた。「大変だ」という意識はむしろ企業の成長にとっては好ましい。ピンチはチャンスと表裏一体なのだから。あたかも、オイル・ショックによって「省エネ」が加速したように。

孫はソフトバンクを形の上で大企業にせずに大企業病を防ぐ。

また、これからも「第二、第三の黒船」を来航させるであろう。これもまた、私たちから「大企業病」を防ぐ薬として働いてくれるはずだ。

「このままではいけない」

「うかうかしていられないぞ」

と、思わせてくれるのである。

第6章

「平成の龍馬」を目指す男 孫正義

世界が相手になるビジネス

坂本龍馬は、大政奉還後の政治について、新しい機構案を持っていた。

まず関白に、三条実美。

内大臣としては、徳川慶喜。

議奏のメンバーとして、有栖川宮熾仁親王、仁和寺宮嘉彰親王、山階宮晃親王、さらに島津忠義、毛利広封、松平春嶽、山内容堂、鍋島閑叟、徳川慶勝、伊達宗城、公家も加わって正親町三条実愛、中山忠能、中御門経之。

参議のメンバーとして、岩倉具視、東久世通禧、大原重徳、長岡良之助、西郷隆盛、小松帯刀、大久保利通、木戸孝允、広沢平助、横井小楠、三岡八郎、後藤象二郎、福岡藤次……。

というように「組閣者名簿」を岩倉具視に提出した。

この龍馬の案を見て、西郷は怪しんだ。なぜなら、龍馬の名が入っていなかったからである。

それを問うと、龍馬は役人にはなりたくないと答える。西郷が「では、何をするのか?」と再び問うと、

「世界の海援隊でもやりますかなあ」

と答えたというエピソードがある。

龍馬の弟子の陸奥宗光は、大西郷が小さく見えたと述懐している。

筆者の基本的な考え方として、歴史上の人物のエピソードが、はたして「真偽いずれか」と問うようなことはしない。

だいたい、情報過多の現代でさえ、はたして「あの人があのとき、こんな風に言った」というのが真偽いずれか、判定するのは難しい。まして、維新の頃、さらにはそれ以前のエピソードが「事実」かどうかは判定しようもない。

中には、エピソードが事実でないことを調べて、それを強調する人もあるが、筆者にはあまり意味のあることとは思えない。

「あの人物なら言いそうなことだ」

「あの人ならやりそうだ」

ということが、後々までエピソードとして語り継がれる。それは、人物像を伝えてくれる真実の「人物画」だと思う。

だから、世界の海援隊というのは、まさに龍馬の生きざまを鮮やかに示しているエピソードであろう。

苦しみ、悩み多き時期になると、孫正義は座右の書である『竜馬がゆく』を繰り返し読む。その中から、「もしも龍馬だったらどうするだろう」と自問する。

多くの場合、悩んで何もしない、ということにはならない。必ず、「龍馬なら、現状打破のために行動するはずだ」という結論となってくる。

また、龍馬の生き方を探ると、そこにはやはりロマンがある。

そして、今はいかに苦しくとも志のために耐えて、さらに飛躍しようという気になってくる。モチベーションは高まり、やがてそれは燃える意欲のもと、行動へと昇華されていく。

孫の心の中を開けてみることはできないけれども、孫が一度はおそらく唱えたであろうのは、「世界のソフトバンクでもやりますかいなあ」ということではないか。

もちろん、これは龍馬と自分自身を重ねているわけだ。

学ぶは真似ぶから来る、と言われるように、生き方のモデルとする人物がいたなら、口にしたセリフ、エピソードの一つでさえも、意識的に真似るものである。特に「心酔」するような人物ならなおさらである。

孫が龍馬のように、「世界」を視野に入れていることは間違いない。その証拠に、現在巨大市場としてクローズアップされている中国でのビジネス展開にはかなり早くから取り組んでいる。たとえば2000年には中国最大、というより現在では世界最大のB2B電子商取引サイ

孫正義が尊敬し、強く憧れるという坂本龍馬（1836 ～ 1867）

トである「アリババ・ドットコム」に出資しており、その子会社であるB2C電子商取引サイトである「タオバオ」とヤフーは業務提携関係にある。また、2007年にアリババのCEOであるジャック・マーをソフトバンクの取締役に迎えている。

「僕ね、いまもし坂本龍馬さんが生きていれば、尖閣諸島の問題も『小さい、小さい』と言っていたと思うんですよ。『日本の国益とか、中国の国益とか、そんな小さな綱引きしてなんぼのもんじゃ』と。『それより日本と中国一緒になって、何かでっかい開発をやらないか。アジアみんなのためになることを一緒にやらないか』と、きっと提案していたと思うんです」(『プレジデント』2011年3月7日号　茂木健一郎氏との対談より)

このように、孫を理解するためには、本書でもしばしば説いてきているように、「坂本龍馬」を外すことはできない。その中でも、規制の枠にとらわれない「世界の海援隊」はキーワードになる。

文字通り、「世界的なスケール」でのビジネスということであり、役人にならないと言った龍馬のように、常識、伝統という枠にははまらない生き方、ビジネス、ということである。

龍馬の脱藩、孫の留学

前述したように、孫正義は日本で進学校に入学したものの、夏休み明けに「退学」した。「進学校→一流企業」といった当時のエスカレーターに乗るということは、あたかも「俸給」を保証された「藩」に属するのと同じである。

あえて重ねると、坂本龍馬が「脱藩」したのに似ている。

もともと龍馬の発想のスケールは、とても一藩におさまるものではなかった。

孫のアメリカ留学後の発想や行動のスケールを見ると、やはり一進学校でおとなしく机上の勉強をするだけではおさまりきらないものであった。

武市半平太（瑞山）は、龍馬を評して「土佐にあだたぬ（おさまりきれない）奴」と言っていたという。

龍馬は、この武市の土佐勤王党に参加していて、若き日によく議論を交わした。「親友」の一人と言っていい。その武市が評しているだけに、やはり龍馬の発想は当時から型破りであったのだろう。

そして、文久二年、龍馬の脱藩に際して、武市は次の漢詩を吟じたという。

「肝胆元雄大　奇機自湧出　飛潜有誰識　偏不恥龍名」

（肝胆もとより雄大、奇機おのずから湧出し、飛潜だれか識るあらん、ひとえに龍名に恥じず）


人間関係は鏡のようなものだという。

また、他人の非がよくわかるのは、自分にも似た非があるからなのだともいう。

たとえば、「あの人は、やきもち焼きだからイヤ」と思ったなら、自分の心の中にも「やきもち焼き」な面があるからよくわかるのである。

そして、英雄は英雄を知るであり、「人物」と言われるような人は、自分もまた、他人を見る眼を間違いなく持っている。有名な話では、勝海舟が弟子の龍馬に、西郷隆盛を評させたことがある。

「大きく打てば大きく響き、小さく打てば小さく響く」と龍馬は西郷を評した。人物は人物を知るのであると、勝は龍馬の人を見る眼を高く評価した。

そして、西郷もまた、龍馬を買っているのである。

「度量の大、龍馬に如くもの未だ曾て之を見ず。龍馬の度量や、到底測るべからず」

あの西郷が、龍馬の器ははかりしれないと感嘆するほどであった。

筆者もその傾向があるのだが、孫は人に惚れこむタイプである。もちろん、これは現実の世界では「マイナス」に働く面も出てくる。

先述のように、孫が大病したとき、ソフトバンクでは人事を巡っての「内紛」があった。その原因はと言えば、やはり孫が惚れこんでスカウトした人物にあった。

孫は、もともと人間関係では、他人の「よい面」に焦点を当てるタイプであろう。だからすぐに惚れ込んでしまう。

惚れ込まれた方は、当然うれしいものだ。人は感情の生き物だから、かけ引きなしに好意を示されたなら、ある意味それに「応じたい」「恩返ししたい」という気分にもなっていくものだ。

たとえて言うと、『三国志』の時代の劉備玄徳《りゅうびげんとく》のようなものだ。人は「情」によって心を動かす。だからこそ、「実力」のあった覇者曹操《そうそう》よりも、後世の人は劉備の人柄、暖かさに共感するのであろう。

しかも、孫の場合は劉備の「情」のみならず、曹操の「力」も備わっている。これは、あらゆる意味で「強い」。

孫はある時期「情」の人であるがために、ダマされたと言ってよい。

しかし、よく言うように、やはり「ダマす」側であるよりは、人を信じて、惚れ込んで、「ダマされる」側であるほうが人間としての価値は高いだろう。

「情」だけでなく、知恵、判断力、行動力も備わっているのが孫正義の強さである。そして、これは龍馬の評にも通じるところがある。

大久保忠寛は、龍馬のことを「大西郷の抜目なき男なり」と評した。

西郷のスケールの大きさにプラスして、現実的な判断力、知識も備わった人物が龍馬であったというわけだ。

己の薩長連合を持つ

坂本龍馬の業績として、「薩長同盟」や「大政奉還」を挙げるのには異論はなかろう。一生に一度と言えるような、大仕事であった。

おそらく、ごく一般のビジネスパーソンであるなら、もしかしたら一生の間には成せないような大事業かもしれない。

孫正義は、自らのＭ＆Ａの戦略を「戦わずして勝つ」ような「孫子の兵法」になぞらえて語ることがある。

さらに、もしかしたら大きなＭ＆Ａによる「ソフトバンク連合」と称されるような企業連合は、「薩長連合」を脳裏にイメージしているのではないか。

もともと、孫のビジネスの底流には「坂本龍馬」が流れていると言ってよい。

そこから類推したなら、どこかに「薩長連合」があってもおかしくないはずだ。

そして、企業連合の「パイプ役」としての自分を認めるときに、「今は自分の薩長連合を成し遂げたのだ」と思っているかもしれない。そんなイメージをして、「龍馬に憧れてビジネスに励んでいる孫正義」という目で見るのも面白いものだ。

薩長連合は、文字通りにビッグ同士を結びつけるという意味だけでない。

一つの「大事業」のシンボルとも言える。あるいは、大政奉還にしても同様である。

筆者の言いたいのは、私たちなりの大事業、一世一代の大仕事ということが念頭にあるかということである。

人生八十年と言っても、そのときになったらあっという間である。やがては、目の覚めない朝が誰にもやって来る。

そのときに後悔してももう遅い。

私たちは、ややもすると時間に流されてしまって、大仕事も成さずに一日、やがては一生を終えてしまうのではないか。

常に、「薩長連合」だ、「大政奉還」だと、大きな事業を忘れずにいたいものである。

そして、当時においては、いわば「犬猿の仲」であったのが薩摩と長州である。この両藩を結びつけるというのは、大いなる発想である。

他の人が考えつかないような発想を平気でするという象徴が薩長連合と言ってもよい。

大きな事業をせよ。

発想を転換せよ。

これは龍馬に学ぶことでもあり、そのまま孫正義から学ぶことでもある。

ボクシングのヘビー級、史上初の三度返り咲きを果たしたモハメッド・アリ。

現在は病苦と闘う、人々に勇気を与える「伝道者」の感さえある。間違いなく20世紀のスーパースターに欠かせない一人である。

そのアリが、若き日は「ホラ吹きクレイ」と言われた。大言壮語し、自分のボクシングを「蝶のように舞い、蜂のように刺す」と自ら形容した。そして、相手選手をＫＯするラウンドを予告して試合したために、「ホラ吹き」と言われた。

しかし、「ホラ吹き」とはならず、アリの実力は評価された。

龍馬もまた、スケールの大きい勝や西郷からは正当に評価された。が、多くの人にとっては脱藩した一介の浪人で異端であり、やはり「ホラ吹き」としか思われなかった。

「役人になりたくない」と言って、「世界の海援隊」と口にすることは、あの西郷や大久保にも理解不能だったとさえ言える。

しかし、龍馬にも信念があった。決してホラを吹いているつもりではなく、「実現する」「必ずしてみせる」という強い信念が。

発想の奇抜さ、意外性。これは龍馬の発想の豊かさ、スケールの大きさを物語る。

たとえば、商社の元祖と言われる亀山社中の結成にしても、当時すでに北海道へ目を向けたことも、薩長同盟も、船中八策にしても。

比べて孫正義のやっていることはどうか？　言うまでもなく、奇抜さ、意外性は龍馬のようである。

いわば、「あっと驚く」ことの連続である。

ただ、それは、孫の説明を耳にしてみると、意外なことでもなく、むしろ「理の当然」とも言えよう。つまり、周囲の発想が貧困すぎるというわけである。

むしろ、常識にとらわれる人から「大ボラだ」と言われるのは光栄ではないだろうか。その意味で、大言壮語はどんどんすべき、ホラは大いに吹くべきと言えよう。

不断に成長を続けていく

仏教で「小乗」と「大乗」とあるように、ビジネスにおける発想も「個人レベル」から「社会レベル」までスケールの違いがある。

たとえば、「一日一発明」と、自ら発明していくノルマを課した頃の孫正義は「小乗的」であった。つまり、自分個人の「悟り」ならぬ能力開発が主であったからだ。

たとえば、これを公共性の高まる通信産業と比べてみるとよい。明らかに後者は「大乗的」であり、公共性、社会性が強くなっている。

これは、坂本龍馬の成長を考えてみてもよくわかる。

筆者がよく、「社長の豪邸拝見」的なテレビ番組を悪趣味だと思うのは、ずっと「小乗的」なままであって、どこにも社会へ還元するような想いがないからだ。玄関の豪華さやトイレの金や大理石を見ると、「他にやることがあるのに」とどうしても思ってしまう。

これは余談だけれども、言わんとするところは、「人は常に成長を心がけるべき」ということである。

龍馬が剣術や砲術を江戸で学んだというのは、あくまでも坂本龍馬という個人レベルでの能力開発にすぎない。仮にこのまま江戸で剣を磨き北辰一刀流の大家となったとしても、それだけでは個人レベルにすぎない。

それが亀山社中、海援隊となってくると、龍馬個人ではなくて、同志、メンバーといった集団のレベルになっていく。

そして、有名な「いろは丸事件」の頃になると、さらに「藩」というところまで成長していっている。つまり、御三家の威光のあった紀州藩に対しての、伊予大州藩という具合になっていく。龍馬の発言は、「藩」にまで広がっている。

さらには藩も大きくなっていき、薩長というレベルになり、やがては大政奉還という国家レベルにまで成長は続く。

そして、死の間際には「世界の海援隊」にまで意識は拡大していく。

実際、最近の孫の行動を見ていると、国家レベルであり、さらに世界にまで意識は拡大しているのがよくわかる。

実際に、観念の上だけでなく「世界」で勝負している人は、そう多くはない。孫正義はその少ない中の一人である。

他人の言うことを気にしない

坂本龍馬は「筆マメ」であり、１２０通以上もの手紙が残されているという。孫正義のメールは有名で、さしずめ「メールマメ」と言ってもよいだろう。気づいたときに「即」メールにして送るのは、即断即決型の行動タイプの孫にはふさわしい武器であろう。

さて、次の和歌は誰の作かご存知であろうか？

世の人は　われを何ともゆえばいへ
わがなすことは　われのみぞしる

世間から大ボラ吹きと言われたり、何度も経営危機が叫ばれたソフトバンクの孫正義の作だ、と言っても通用するかもしれない。

この歌は、実は坂本龍馬が若き時代に詠んだものである。

このあたりは、師であった勝海舟と共通した「体質」でもあろう。だから、勝と龍馬は気の合う師弟だったと言えるかもしれない。

後年、福沢諭吉と「論戦」になった勝は、人の批評と自分の行動は別、という意味のことを言った。

勝にしても龍馬にしても、人とは違ったスケールで発想して行動していく人物である。だから当然、心地良く思わない人も周囲に出てくる。批判されることも度々である。

そんなときに、龍馬は先の歌を詠んだのであろうか。あるいは、やがて来る自分の生きざまに対しての「予感」が詠ませたのであろうか。

いずれにしても、言いたい奴には言わせておけ、自分はゴーイングマイウェイ、己の道を行く、という師弟の共通した体質がうかがえよう。

そして、まったく同じ体質が、孫正義である。

たとえば、経営危機が騒がれた際、出会った人から「大変ですね」という意味のことを言われる。しかし、孫は、まったく同意しないのである。話を合わせたにしても、心の中では「絶対大丈夫」という不動の信念を持っている。

まさに、他人が何を言ったとしても、自分は自分の道を行くのみ、というスタイルである。

あるいは、ある点では龍馬や勝以上のポジティブな考えも示している。

たとえば、批判されたとすると、それはそれだけ自分に興味を示してくれているからだ、という具合にとらえるのである。

だから、これからはイヤなことを言われても、批判されても「自分に注目してくれているんだ」と、肯定的にとらえてはどうだろうか。確かに、何の関心もなければ、批判すらしないだろう。あたかも、アンチ巨人は、巨人の選手に一番詳しい、というのにも似ている。

たとえアンチであっても、自分に注目してくれる相手のある人は、幸せと言ってよいのではないか。

自然体で生きる

何事によらず、「初心」のうちは、肩に力が入って、リラックスすることは難しい。子供の頃の自転車乗りにも似て、「肩の力を抜いて」とアドバイスされるほど、必要以上に緊張してしまったり、力みすぎたりする。

「会社のために」「社会のために」と、半ば自分を殺して、いわば「利他」のために頑張るのは尊いことであろう。

しかし、「モーレツ」が流行った頃の「力み」「悲壮さ」というのは、21世紀にはあまり合わないのではないか。もっとスマートに、リラックスして、人生に、ビジネスに成功できないものだろうか?

孫正義は、先述のように「孫子の兵法」や「ランチェスターの法則」、あるいは長篠の戦いにおける織田信長のように「合理的」にビジネスを行ない、結果として勝利している。だからと言って、そこに悲壮さが強く漂うかというとそうではない。

「命を燃やしつつもゲーム感覚をもって仕事をしています。おもしろい人とおもしろいことを

やりたい」（『ＴＨＥ21』１９９９年7月号より）

そこにあるのは，リラックスして、自然体で楽しみながらビジネスを行なうという感覚である。

現実には「孫子の兵法」のように戦略・戦術を駆使するにしても、当の本人はいたって自然体で肩の力を抜いてリラックスできている。

これは、名人とか達人の域と言って過言ではない。単純なことのようだが、自然体はプロの姿勢である。

どんな分野でもそうだが、名人というのはさり気なく、ごく自然に行なう。だから傍から見ていると易しそうにみえる。

しかし、実際に自分で行なってみると、むしろ易しくなく難しいものになる。たとえば、私たちは歩くときに自然に動く。これを「右が先か左だったか」などと考えながら行なおうとすると、歩くことさえままならない。

身についたことは自然にできる。これが、プロの条件でもある。

孫の自然体を物語ることがある。

すでに孫のソフトバンクは、純粋持ち株会社に移行した。前述したように、それは「大企業病」を防ぐためなのだという。

「自分が一人がんばらなくても大きな影響はない」

「やってもやらなくても給料は同じ」

というような、ヤル気のない、チャレンジ精神に欠けるのが大企業病である。

これを防ぐためには、どうしたらいいか？　外部から人材を導入していくか、教育、研修で意識改革していくか、トップを交代させて人心を一新させるか？

いずれも「肩に力の入った」やり方であろう。

ところが、孫はサラリと言うのである。

「大企業にしなければいいのだ」と。

これはまさに、自然体での取り組みである。大企業病を防ぐには大企業にしなければいい。当たり前のことだが、これはいわば盲点であって、病気の原因をもとから断つのにも似ている。

龍馬の「晩年」の号は「自然堂《じねんどう》」だったが、発想・行動はまさに自然に、自由に行われていた。

そして、孫正義もまた、自然にビジネスを行なうことのできるプロである。

自然体の大切さは、強調しすぎるということのない、成功の鍵である。

人間的な側面が重要

坂本龍馬は、自ら心を開くことができ、あまり飾らない人物であった。弱さをさらけ出して見せることのできる、本物の「強さ」を持っていた。

こんな話が残っている。

文久２年（１８６２年）のことである。

龍馬は長州の萩を訪れていた。親友の武市瑞山からの指令により、久坂玄瑞に会いに行ったのである。

龍馬が江戸で剣術修行した「達人」であるとの噂で、萩の明倫館の道場ではぜひとも、稽古をつけてくれと申し込まれた。

藩士は真剣に立ち会いたがったが、その前に龍馬は少年の相手をすることになった。

ところが、本気で打ち合ったのにもかかわらず、龍馬は少年剣士に三本とも取られてしまったのである。

このとき、普通なら体調が悪いからとか、何らかの言い訳をするのではないか。

しかし、龍馬はあっさりと自分の負けを認めた。「自分が弱いから負けた」と口にしたのである。「拙者が弱いきに」と。

心理学的にはこのような自分をさらけ出して心を開くことは「自己開示」と呼ばれている。そして、人は自己開示をする人に対しては、同様に心を開いてくるものである。これは、龍馬の人間的な魅力と言ってよい。

孫正義を、理屈好きで、論理のかたまりで、人間的な面など見せない経営者、と思う人も中にはいる。特に、M&Aに対して「乗っ取り」的な印象を持つ人はその傾向がある。

しかし、孫は龍馬に似て、とてもホットな「情」を重んじるタイプの経営者でもある。一頃言われた「知と情」を兼ね備えている。

一つ例を挙げてみよう。

孫正義は、アメリカで6年間の留学生活を送った。

そして、前述のようにユニソン・ワールドを設立して、ビジネスは順調に行き始めていた。一つの選択としては、そのままアメリカにとどまり、ビジネスを続けていくことであった。

しかし、孫はそうしなかった。

理由の一つとして、留学中に知り合った夫人との「結婚」があったことは先に述べた。そして、もう一つの大きな理由が、「母との約束」であった。

孫がアメリカ留学を決めたとき、必ずしも両親の健康状態は良くなかった。

しかし、孫は龍馬の脱藩のように決行した。そのときに「大学を出たら必ず帰る」と孫は母に約束したのである。

古い言葉で言うと、「孝」の考えが孫にはある。

まさに人間的な側面を示しているだろう。現代日本人の失いつつあるもの、あるいは失ってしまったものが「孝」ではないか。

実は、龍馬の時代の日本人には、まだ強く「孝」は息づいていた。

江戸に修行に向かった龍馬に対して、父親の八平は、修行中の心得を書いた。

その中の一つに「片時も忠孝を忘れず、修行第一の事」とある。

忠であり孝。これは龍馬の修行時代に、心の奥底に深く刻まれたものである。また、当時の日本人にはあたかも「血液」のように、自然に心に流れていたことである。

「孝」は、かみくだいて言ってしまえば、「親を想う心」である。

言うまでもなく、龍馬にもあったし、孫正義にもある。

「母との約束」を重んじて帰国した孫に、龍馬と共通した「孝」の想いを強く感じとるものである。

今風に言ってしまうと、「ＤＮＡ」であり、親からそのＤＮＡを受け継いでいく「乗り物」である。

（リチャード・ドーキンスの言葉）が私たちでもある。
たとえば、二宮尊徳の次のような詠草に、孝の理念がうかがえる。

父母もその父母も我が身なり
われを愛せよわれを敬せよ

餌を選ぶ親のなさけの羽音には
目をあかぬ子も口をあくなり

元政治家の浜田幸一氏は、講演会の終わりに「母」に対しての歌を歌うのだという。その「孝」を切々と歌う姿に、聴衆は心を強く打たれる。孫の成功の秘密の一つに、「孝」があるのだと筆者は考えている。

このたからは、天にありては天の道となり、地にありては地のみちとなり、人にありては、人のみちとなるもの也。元来名はなけれども、衆生におしへしめさんために、むかしの聖人、その光景をかたどりて、孝となずけ給ふ。

中江藤樹

孝の復権は、21世紀の日本には欠かせないと筆者は信じている。日本人の忘れてしまった美徳であり、人生成功の素でもある。

孫の「母との約束」を果たそうという強い意志から、孝について思いが広がった。

本気になって、夢は大きく

現在の孫正義は、起業家たちのカリスマ的存在である。知人の編集者はあるパーティーの会場で、「実は、孫さんと握手したんですよ」と嬉しそうに語っていた。直接にはビジネス上のカリスマと見ていない人でさえ、「握手した」ことを感動に思わせるほどの魅力、器量があるのだろう。

言うまでもなくいきなり子供の頃から今の立場にあった「二世経営者」ではない。孫は自らが創業した企業のトップにいるわけだ。

そして、孫は坂本龍馬のようないわゆる「落ちこぼれ」の生徒ではなかった。

龍馬は10歳になっても、「おねしょ」が治らず、近所の子供にいじめられていたという。また、12の年には近所の楠山塾でケンカをして、父親に塾通いもやめさせられている。いわゆる「学校教育」というのは、龍馬の場合は数カ月でしかない。

後半生、江戸から戻り、全国の「士」と語り合ううちに、龍馬は自身の不勉強を悟り、学問を本格的に始めた。

蘭学塾で学び始めた龍馬には、有名なエピソードがあった。

先生が講義していると、龍馬は手をあげて、「今の訳は間違っています」と指摘した。「オランダ語も読めないのに何を言うか」と言う先生に対して、「大体の意味はわかる。先生の今のはおかしい」という意味のことを言ったという。

あるいは、知人が漢文を読んでいる龍馬に対して「意味がわかるのか」とからかわれ、「にらんでいればわかる」と答えたという。

いわば「直観」、理屈でなくて「右脳的」イメージで意味をつかみとってしまうというわけである。

だから、「学歴」ウンヌンにこだわることよりも、「本気で学問に志そう」と本気になって取り組むことこそ第一義であると思う。

筆者は記憶術の指導をすることがあるが、実は記憶のテクニックというのは、二義的なものである。要は、「よし、記憶力を高めよう」とまず強く決意することである。そして、「自分には必ずできる」という信念を持つことが肝心なところだ。

本気になった上で学んだなら、その実力は飛躍的に向上する。

孫正義は、龍馬と異なって若い頃から勉強はよくできて、頭の回転も早かった。龍馬の晩成型に対して、早熟型といっても良い。

ただ、家が貧しかったような、一般的に言う「マイナス・ファクター」があった。今で言う「落ちこぼれ」というマイナス状況にあった龍馬とは、本質的には似ていたのかもしれない。

周囲は、「あいつは大丈夫だろうか」と将来に対して心配する。マイナス・ファクターだと信じてしまっているからだ。


ところが、マイナスかプラスかを決めるのは本人である。周囲がどう思っていたとしても本人の成功には関係のないことだ。

龍馬はいわゆる「秀才タイプ」ではなかったが、やがては「龍馬がいなかったら後の日本の歴史は変わっていた」というほどの大人物に変身した。

孫正義も、一般に言われるマイナス・ファクターなどものともせずに、「インターネット財閥」を若くして築いてしまった。しかも、これから先の「成長」は、どこまでいくのか想像がつかない。

「平成の龍馬になってやろう」

「孫正義を追い抜いてみせる」

という気宇壮大さがあって、これからの時代はちょうどよいのではないか。「夢」は大きすぎて困ることはない。むしろ小さすぎては、限界を自らつくっているようなものであろう。

21世紀を迎えた現代人から見ても、坂本龍馬の発想のスケールは、大きくて自由で、型破りなものであった。

「平成の龍馬」である孫正義は、やはり龍馬同様にその発想のスケールは文句なく大きい。50年スパンの人生計画や３００年の企業の寿命というように、とにかくスケールが大きい。

しかし、孫正義のみが龍馬になりうるのではない。その気になったら、私たち一人ひとりが、龍馬になる可能性を秘めている。

可能性を現実のものとするには、孫は手本となってくれるだろう。

孫のことを疑ったり、批判している暇があるのなら、「どうしてこれほどに成功できたのか」を探り、学んでいくべきであろう。

すると、私たちに欠けているものを孫が持っていることに気づく。

それはすでに本書で述べてきたことでもある。

それは志であったり、ロマン・夢・目標の数でもある。

あるいは、「改善ではなく革命」という孫の気概であり、情熱でもある。

また、親を想う「孝」、脳も筋肉だとして、徹底して「考える」こと。人を信じ、長所を見出す力。

本書の読者に対して筆者からの願いがある。

それは「自分にもできる」と活力を湧かせて人生に立ち向かう勇気を持っていただくことである。

そして、願わくば、孫のように「平成の龍馬」がさらに一人でも多く誕生してほしい。21世紀は、龍馬の時代である。それは、孫であり、あなた自身のことである。

謝辞

本書を執筆するにあたりまして、本文中に掲げた以外にも、数多くの孫正義関連の書籍、雑誌記事等の資料を参考にさせていただきました。

関係者の方々には、この場を借りまして、厚く御礼を申し上げます。

松本幸夫

〈孫正義の略年表〉

1957年
在日韓国人実業家・孫三憲の次男として佐賀県鳥栖市に生まれる（8月11日）。

1973年（16才）
久留米大学附設高校に入学（4月）。夏休みを利用し、米国カリフォルニア州へ4週間の語学研修に参加する。

1974年（17才）
高校を中退し、渡米（2月）。米国ホーリー・ネームズ・カレッジの英語学校（ELS）に入学。米国セラモンテ高等学校（サンフランシスコ）の2年生に編入（9月）。3年生、4年生へと飛び級。高校卒業検定試験に合格したため、高等学校を3週間で退学（10月）。

1977年（20才）
米国カリフォルニア大学バークレー校経済学部の3年生に編入。

1979年（22才）
在学中、シャープに自動翻訳機を売込んで得た資金（1億円）を元手に米国でソフトウェア開発会社「ユニソン・ワールド」を設立。インベーダーゲーム機を日本から輸入。大野優美と結婚（9月）。

1980年（23才）　米国カリフォルニア大学バークレー校を卒業（3月）。学位は、学士（経済学）。日本へ帰国後、会社を設立するために福岡市南区に事務所を構える。

1981年（24才）　福岡市博多区に事務所を移し、コンピュータ卸売事業の「ユニソン・ワールド」を設立（3月）。福岡県大野城市に「日本ソフトバンク」を設立（9月3日）し、パソコン用パッケージソフトの流通事業を開始。上新電機と契約する。

1982年（25才）　当時パソコンソフト最大手のハドソンと契約する。月刊誌『Oh！ PC』『Oh！ MZ』を創刊（5月）し、出版事業に参入（現ソフトバンククリエイティブ株式会社）。

1983年（26才）　慢性肝炎で入院。社長職を元日本警備保障（現セコム）副社長の大森康彦に委ね自身は会長となる（4月）。

1984年（27才）　退院（6月）

1986年（29才）　社長職に復帰（5月）。

1990年（33才）　日本ソフトバンクを「ソフトバンク」に商号変更（7月）。日本に帰化（9月4日）。

1994年(37才)　ソフトバンク株式を店頭公開（7月)。

1995年(38才)　米マイクロソフトと合弁でゲームバンクを設立（8月)、ジフ・デイビスに資本参加（11月)。

1996年(39才)　米ヤフーに筆頭株主として資本参加。米ヤフーとソフトバンクの合弁でヤフー株式会社（ヤフージャパン）を設立（1月)。オーストラリアのメディア王ルパート・マードックのニューズ・コーポレーションと折半出資の合弁会社を設立し、テレビ朝日の株式の21％を取得（後に朝日新聞の反発に遭って撤退)。

1997年(40才)　ヤフー株式を店頭公開。

1998年(41才)　ソフトバンク株式を東京証券取引所第1部に上場（1月)。

1999年(42才)　純粋持ち株会社制度を導入。東京電力、マイクロソフトと共同で無線による高速インターネット接続サービス「スピードネット」を設立。米国のナスダック・ストック・マーケットとソフトバンク株式会社が共同出資し、「ナスダック・ジャパン」創設で合意（6月)。

2000年（43才）

「ナスダック・ジャパン」スタート（5月）。ソフトバンク株式会社が東京海上保険、オリックスとともに、日本債権信用銀行（現あおぞら銀行）の株式を取得（9月）。

2001年（44才）

ヤフー株式会社と共同でADSL接続サービスの「ヤフーBB」の提供を開始し、ブロードバンド事業に参入。以降、それまでのPCソフト卸、PC出版から通信サービスに本業の軸足を移す。

2002年（45才）

「ヤフーBB」の加入者数が150万人を突破。ナスダック・ジャパン業務停止（大阪証券取引所が「ヘラクレス」に名称変更し市場維持）。

2003年（46才）

ヤフー株式を東京証券取引所第1部に上場。あおぞら銀行の株式をサーベラス・キャピタル・マネジメント社に売却（9月）。「スピードネット」を東京電力に営業譲渡。

2004年（47才）

日本テレコム株式会社（現ソフトバンクテレコム株式会社）を買収し、固定電話事業に参入（5月）。福岡ダイエーホークス（現ソフトバンクダイエーボークス）と福岡ドームをダイエーグループから買収し、プロ野球事業に参入（12月）。

2005年（48才）
中国アリババ・ドットコム、米ヤフーと中国国内でのインターネットビジネスに関する戦略的パートナー構築に向けて基本合意。

2006年（49才）
英ボーダフォン日本法人（現ソフトバンクモバイル株式会社）を買収し、携帯電話事業に参入（4月）。東京証券取引所におけるソフトバンクの所属業種が卸売業から情報・通信業に変わる（10月）。

2007年（50才）
新料金プラン「ホワイトプラン」導入を開始（1月）。福岡県で「サイバー大学」開校（4月）、携帯電話の月間純増数が16万台となり、NTTドコモやauを抜いて1位となる（5月）。

2008年（51才）
米アップルのスマートフォン「iPhone」発売開始（7月）。

2010年（53才）
米アップルのタブレットPC「iPad」発売開始（5月）。「ソフトバンク新30年ビジョン」を発表（6月）、後継者の発掘・育成を目的とした「ソフトバンクアカデミア」開校（7月）。

2011年（54才）
東日本大震災の義援金として個人で100億円及び2011年から引退するまでソフトバンクグループ代表として受け取る報酬の全額を寄付することを表明（4月）。福島第一原子力発電所事故を受け、自然エネルギー財団を設立（4月）。「東日本大震災復興支援財団」を設立（7月）。

【著者紹介】

松本幸夫（まつもと・ゆきお）

ヒューマンラーニング株式会社代表取締役
1958年東京都生まれ。東京ヨガ道場主任インストラクター、経営者教育研究所を経て、現職。能力開発、メンタルヘルス、目標管理や時間管理、スピーチ・プレゼン・交渉などの「コミュニケーション術」を主なテーマに、年間200回もの研修・講演を行う。また、「人物論」にも定評がある。著書は『中村天風に学ぶ』『安岡正篤に学ぶ』（以上、総合法令出版）、『いまこそ中村天風に学ぶ』（ベストセラーズ）、『話ベタでも10分、ラクに話せる85のルール』（成美堂出版）、『どんな場面でも！誰とでも！うちとける話し方50の習慣』（青春出版）、『強力なモチベーションを作る15の習慣』（フォレスト出版）、『相手を動かす会話術　すごい！コツ60』（三笠書房）、『あたりまえだけどなかなかできない読書習慣のルール』（明日香出版）など、現在140冊を超える。

松本幸夫オフィシャルホームページ
http://www.kenjindo.jp/

本書は『坂本竜馬になりたかった男 信念の人 孫正義の半生』
（2000年6月 小社刊行）を改題して大幅に加筆修正したものです。

孫正義の流儀

2011年10月5日　初版発行

著　者　松本幸夫
発行者　野村直克
発行所　総合法令出版株式会社
〒107－0052　東京都港区赤坂1-9-15 日本自転車会館2号館7階
電話　03-3584-9821（代）
振替　00140-0-69059

印刷・製本　中央精版印刷株式会社

ISBN 978-4-86280-273-6

総合法令出版ホームページ　http://www.horei.com